夢かなう風水

福田 直代
Naoyo Fukuda

KKベストセラーズ

はじめに

「なんであの人は仕事も恋も家庭も上手《うま》くいっているのに、私はどうして良くないんだろう」「上手くいっていたのに、なんだか最近、良い方向にいかなくなった」って思ったことはありませんか？　私はずっとタレントの仕事をしてきたので、どうしたら仕事がたくさん来るかということを長年考えて生きてきました。もちろん、雑誌や本の占いを読んだり、当たると言《い》われている占い師に観《み》てもらったり、九星気学《きゅうせいきがく》、四柱推命《しちゅうすいめい》、密教占星術《みっきょうせんせいじゅつ》など、さまざまな本を読んで研究を重ねました。

そんな中、あるとき突然、見《み》えないものが見えるようになったのです。一般的に言う「お化け」です。また、幽体離脱《ゆうたいりだつ》をしたり、摩訶不思議《まかふしぎ》なことが私によく起こるようになりました。時はまさに霊能者番組が流行《はや》っていた頃《ころ》です。そんな体験談を、当時レギュラー番組の制作の人に話をしたところ、「今度、霊能者番組の特集があるから出る？」と、出演の話をいただいたのです。そのときに知り合った霊能者の方に個人的にアドバイスをいただき、芸能生活を20年以上、過ごしてきました。

そんな折、私が借りていた都内のアパートの更新時期が近づいたため、引越しを決意。予算内で、できるだけ良い物件を探そうと毎日毎日、不動産屋を訪れては、物件を内覧。部屋を探しているとき、その部屋に住んでいた人の「残留思念《ざんりゅうしねん》」……もちろん生きている人ですが……をすぐ感じてしまいました。つまり、どんな生活をしていたのか瞬時にわかってしまうのです。案内してくれた人に話すと、「そうです。そのような人がお住まいでした」と、驚かれました。しかし、私のその〝見えるパワー〟が増すにつれ、悪い「気」も自分自身が受けてしまうようになってしまいました。自分でそれを祓《はら》うことができなかったため、何も手につかなくなるほど疲《つか》れ、頭痛や嘔吐《おうと》の繰り返しでした。そこで霊能者に相談すると、「家を見るときは粗塩《あらじお》を持っていきなさい」とのこと。そこで、物件を見るときに塩を持っていくと、不思議なことにいくつかのひらめきがありました。その家や間取りによってお化けが出る場所と出ない場所があるのに気づいたのです。建物が建っている土地、家、間取り……そうだ風水だ！　と思い、そこから風水を学ぶことにしたのです。風水は、環境学、統計学などの要素がたくさん詰《つ》まっています。霊感だけでやっていたら、おかしなものに憑《と》りつかれ、とっくの昔に私はこの世にいなかったもしれません。

風水で自宅を改善してから、楽しく嬉《うれ》しいことがたくさん続くようになりました。家だけではなく、人とのつながりもだいぶ変わりました。仕事で経営者に会う機会が増え、成功している人とそうでない人の違いがわかってくるようにもなりました。成功している人のほとんどは、家や会社の場所をとても大切にしています。多かれ少なかれ、まわりへの気配りも怠《おこた》りません。そこで、この本を読んでくださっているみなさんに一番最初にして欲《ほ》しいことは、今、住んでいる「家」を大切にして欲しいのです。運気を上《あ》げる一番の近道になります。「自分の家が一番ホッとできる」という場所であると同時に、自宅を『プチ・パワースポット』に変えれば、毎日、自宅にいるだけでパワーチャージできるのです。

「西に黄色いものを置くと、お金が貯《た》まるというのが風水でしょ」と、言われたことがあります。風水を勉強するまでは、正直、私もそう思っていました。風水の発祥を紐解《ひもと》くと、紀元300年頃に中国の郭璞《かくはく》という人が書いた『葬経《そうきょう》』というものがあり（諸説あり）、それによると、「幸運を呼ぶエネルギーは龍によって運ばれる。そこには自然の力が存在する」と、書かれています。つまり、山や川などの地形によって、パワーが集まるところが決まってくるのです。江戸、つまり今の東京が風水に基づいて設計された町という説があります。そこには自然に人が集まってくるのです。風水で一番大切なのは、土地・場所です。その次に環境、建物、その次に間取《まど》りということになります。今、お住まいのところから計画もなしに、明日、引っ越すなどは不可能です。そこで、今のご自宅を、できる限り居心地《いごこち》の良い素晴らしい空間にするためのヒントをこの本でご紹介していきます。

そしてもう一つ。どんなに幸せな人でも、生きていくうえで、悩みが出てくるはずです。そんなときこそ「易《えき》」なのです。風水では解決できないことを、「易」が教えてくれます。

易占いは、竹の細い棒をたくさんを持って占っているイメージを持っている人がいるかと思いますが、本書では、コインを使って誰にでも簡単にできる方法をお伝えします。占術過程はとてもやさしいのですが、結果を読み説《と》くには、あなたの感性を最大限に使ってください。例えば、もしあなたが結婚を望んでいたとします。そして目的をはっきりさせ「1年以内に結婚できるかどうか」を占ったとします。すると、その結果が「易」ですぐに出ます。それを人生の上の指針にしてください。自分の未来は、易をつうじてわかることが多くあるのです。

あなたが、今よりも毎日楽しく過ごせるように、この本を読んでたくさんラッキーを引き寄せてください。

目次

第三章 心掛《が》けたいこと

第四章

付録

第一章

住んでいるところを清める

輝く玄関に

玄関に入った瞬間、誰が見ても「すっきり片づいてきれい」という印象がとても重要です。**玄関はその家に住む人の人柄と運を表《あらわ》すすべてだといっても過言ではありません。**良い運気も悪い運気も入るのは「玄関」からなのです。とはいっても、見た目に美しいと思えるだけではよくありません。玄関のドア、手すり、たたき、靴箱の上、玄関まわり、すべて拭《ふ》き掃除《そうじ》をします。**毎日するのが理想的です。**朝でも夜でも、気が向いたときに拭き掃除をしてみてください。ホコリがたまるとそこから悪い運気《うんき》がすぐに入ってきやすくなります。

とくに重要なのは、たたきに靴を置いたままにしないことです。帰宅したらすぐに靴はシューズボックスの中にしまうこと。靴が汚れていたら、その場で拭き取ってからしまうのがベターです。家の中に、外からの良くない運気をできるだけ持ち込まないようにしてください。つまり、人を介《かい》して、良いものもそうでないものもすべて玄関から入ってきて

きれいな玄関は良い運気が入ってくる

玄関に余計なものは置かない

しまうのです。

さらに、玄関ドアの内側だけではなく外側も、あわせて拭くことをオススメします。一軒家の場合は、玄関前の掃除も忘れずに。表札《ひょうさつ》もピカピカにしておけば、良い運気が入りやすくなります。**ここで、拭くときのポイントをお伝えしましょう。上から下へです。家の玄関ドアの内側から始《はじ》めて、靴箱の上やまわりなど、そして最後は、たたきです。**たたきから拭き始める場合には、拭く雑巾《ぞうきん》をチェンジしましょう。玄関の外側は、最初に表札、ドアの上半分を拭いたあと、下半分という具合に、上から下を心掛《が》けてみましょう。玄関は心の「顔」であると同時に、良い運気を取り込む最大の場所です。毎日、気持ち良く過ごせるようにピカピカにしておきましょう。

盛り塩

玄関まわりを掃除したら、次に盛り塩を置きます。**塩は「陰《いん》」の気を払うと言われてい**

盛り塩を玄関まわりに置いてみよう

ます。一軒家の場合は、玄関の外の左右下に置けるのですが、集合住宅の場合、外の廊下部分は共有スペースになっていることが多いようです。そこで、家の中の玄関の内側、ドアの近くのたたきの両サイドに置いてみましょう。小さいお皿を用意してください。その上に塩を山のような形、つまり**円錐形**《えんすい》にするのがベストです。家に神様を呼び寄せるため、また、家の中を清めるために盛り塩をしましょう。

盛り塩は、できれば3日〜1週間に1度くらい交換するのがベターです。とくに粗塩がオススメです。塩は邪気《じゃき》を払うと同時に、悪いものを吸い込んでくれるので、変色したらすぐに新しい塩と交換してください。使用した塩は、台所で水を出し、溶《と》かしながら流して捨ててください。塩を美容のためにお風呂で使ったりなど、再利用は絶対に避《さ》けてください。

もし、盛り塩を置く場所が邪魔だとか、目立ってしまうのが嫌《いや》な場合には、見えないところに一つだけ置いても大丈夫。決して対《つい》で置く必要はありません。靴箱の中に隠して置く場合には、こまめに塩を交換しましょう。

玄関に置いてはいけないもの

玄関が美しいと運気がアップするとお話ししましたが、**玄関に置くと良くないものがあります。それは、ドライフラワー、ぬいぐるみ、人形です。**ドライフラワーは、生きて呼吸をしていた植物を乾燥させ、いわゆる屍《しかばね》にしたもの。動物の剥製《はくせい》も飾らないほうが良いのです。ぬいぐるみや人形は、その人の良い「気」を吸い取ってしまうと言われていますので、玄関には置かないほうがいいでしょう。ぬいぐるみや人形とお別れするときは、きちんと神社やお寺で供養《くよう》してもらうと良いですね。

玄関には、ゴルフクラブやスキーの板、釣り竿やテニスラケットなどは、置かない方が賢明です。ドクロやホラー映画をイメージするものも悪い気をどんどん増やしてしまうことになります。玄関は神様をお迎《むか》えする場所というのを忘れないようにしましょう。

玄関の鏡

玄関を入った正面には、鏡を置かないようにしてください。**玄関は良い運気を取り込む場所ですので、正面に鏡を置くと、せっかく入ってきた良い運気をはねのけてしまうことになります。**姿見《すがたみ》など、玄関の左右どちらかの壁につけている家もあるようですが、できれば玄関には鏡は置かないほうが良いでしょう。鏡には、平面鏡、凹面鏡《おうめんきょう》、凸面鏡《とつめんきょう》がありますが、どれも玄関に置くことを私はオススメしていません。

傘は濡れていたら必ず乾《かわ》かしてからしまいましょう。湿気が運気を下げてしまいます。

また、**靴箱の中に、決してバッグなどをしまわないでください。靴箱はあくまで靴を休ませる場所だからです。**靴に関係のある靴磨きなどの道具は大丈夫ですが、箱などに入れておきましょう。

玄関を入った正面の鏡は×《バツ》

トイレ

日本の風水では、トイレの場所は、北東の鬼門《きもん》や南西の裏鬼門《うらきもん》の方角には、ないほうが良いと言われています。とは言うものの、最近の住宅事情を見ると、そうはいかないことが多くあります。なぜ、東北や南西が良くないとされているのでしょうか。陰陽道《おんみょうどう》では、丑寅《うしとら》（北東）の方向からは鬼が来ると言われていたことから、日本では鬼門、そして鬼門の180度反対方向を裏鬼門というようになったとも言われています。諸説あるので、どれが本当かはわからないのですが、日本の建築では、家を建てるとき、鬼門と裏鬼門を気にする人が多いようです。もし、鬼門や裏鬼門にトイレや水まわりがある家の場合には、対策が必要です。**簡単な対策方法としては、先の尖《とが》った水晶《すいしょう》クラスターを一つ用意します。**そして尖った方を、鬼門や裏鬼門方向に向けて置いてください。（46ページ参照）

また、トイレは常に掃除をするのが基本です。便器はもちろん、ふたや足まわり、床などは、1日最低1回は、水で濡らして硬《かた》く絞《しぼ》った雑巾で拭き掃除をしましょう。便器の黒ずみなどは、もってのほか。使用したあとは、すぐに便座と便座の裏側を除菌ペーパーでサッと拭く習慣があるとさらに良し！　家の中できれいな場所は？　と聞かれたら、トイレと答えられるようにしてください。そして、使ったあとは必ず「ふた」を閉めること。雑菌が飛び散るのを防ぐのはもちろん、**湿気＝「陰」の気です**。換気をしてできるだけ陰の気を取り除くことが必要だからです。窓がないトイレならなおさらです。

また、**トイレの中で雑誌を読んだり、携帯電話を見たりなどはやめましょう。不浄《ふじょう》の場所で情報を得ると、そこから入ってきた情報はマイナスに働くことがあるようです。**さらに、トイレの中はできる限り飾りなどはせず

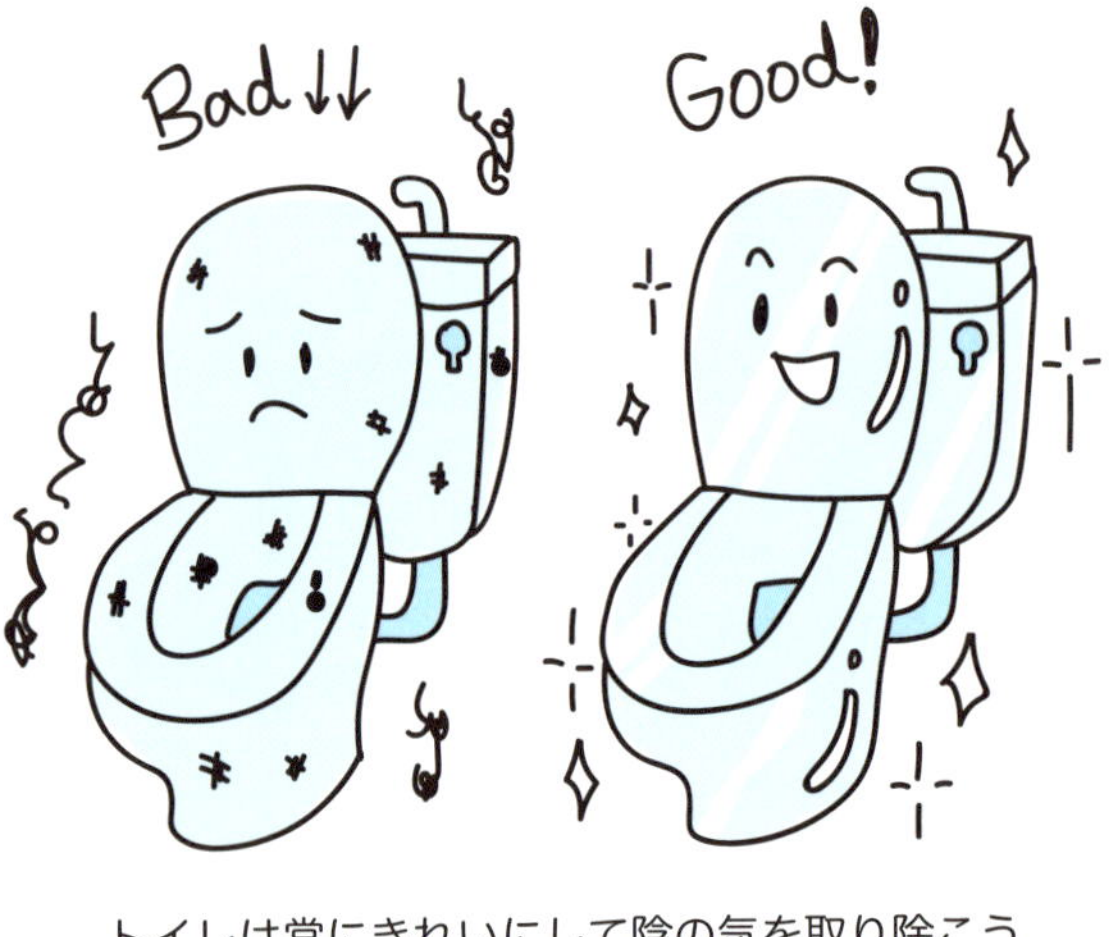

トイレは常にきれいにして陰の気を取り除こう

シンプルにして、換気をよくしておきましょう。なにより長居は禁物です。

実は、中国の風水には鬼門と裏鬼門はありません。とは言え、古代中国の歴史を紐解《ひもと》くと、都から見たとき、北東と南西には敵がいて、南西からは、強い風が吹いてくると黄砂《こうさ》の被害に遭《あ》うという地形だったようです。そんなことから、北東と南西には気をつけていたことがうかがえます。日本に住んでいるのなら、日本の鬼門と裏鬼門は考慮したほうが良いと私は考えています。**北東から南西に広がる日本列島。台風は、南西から北東にかけて縦断することが多くあります。**それは風や嵐の通り道になっていて、災害を受けやすい場所でもあります。

家全体を清める方法

ずっと住んでいる家、これから引っ越す人、引っ越したばかりの人、誰にでもできる塩を使ったお清めの方法をご紹介しましょう。**まず、塩を用意します。一軒家の場合には、**

その土地の四隅《よすみ》に、塩と日本酒を少々撒《ま》きましょう。これは1年に1回で大丈夫です。四角い敷地ではない場合には、角の部分に全部、塩と日本酒を少々撒いてください。集合住宅の場合には、共用スペースが多いため無理のない範囲で、その建物の敷地の四隅に一度、塩を撒くのがいいでしょう。

そして、一軒家でも集合住宅でも、共通してできることがあります。**自分の家の玄関、窓など、開いている場所すべて、家の中から外に向けて、ひとつまみの塩を撒いてください。次に、水まわりに撒きます。**トイレの便器の中。撒いたら水を流してください。洗面所の水が流れるところにひとつまみ塩を撒いて、水で流してください。お風呂場の水が流れる排水のところ。洗濯機の使用後の水が流れる排水溝。キッチンの流し。庭にある水場。すべて、ほんの少しの塩を撒いてください。このことを1週間ほど、今日から続けてみてください。水まわりを浄化させることにより、人間関係や滞《とどこお》っていた物事がまわり始《はじ》めます。そして、撒きすぎには注意してください。

以前、私は1年間、連日連夜、塩を撒き続けた結果、玄関ドアとドアフレームがすべて錆《さ》びてしまいました。私のようにやり過ぎはよくありません。また、塩は水分を含《ふく》むとべタつきます。そして塩を撒くときには、家に感謝の気持ちを忘れずに、「**いつもありがと**

うございます。良い流れになりますように」と、声に出して言いながら撒くとさらに良いでしょう。朝でも夜でも構わないので、思い出したときにやってみてください。

塩を撒くとき、住んでいる家に声を掛けましょう。引越したばかりの人は「ここに住むことになりました。これからよろしくお願いします」という感謝の気持ちと、「これからもよろしくお願いします」という気持ちを込めて言ってみてください。ずっと住んでいる人は、「いつもありがとう」と、その家に住まわせてもらっているという感謝の気持ちを忘れないように。出掛けるときには、「行ってきます」。帰ってきたときには、「ただいま」と、声に出して家に向かって言ってみてください。家の神様があなたのことを守ってくれるはずです。

部屋の梁《はり》を見えないようにする

部屋の天井や角を見ると、柱や排水管などが通っていて四角く出っ張っている「梁《はり》」と呼ばれる部分がある部屋があったら要注意です。その部分の尖っている角が、いつも寝ている布団やベッドのほうに向いていたら、梁を布で覆《おお》うなどして隠してください。**角が身体に突き刺さるため、病気になりやすくなったりなど、身体に悪影響を及ぼすと言われています。**起きている時間よりも、寝ている時間は長いので、ずっと突き刺さっていることになります。

また、家族が集まってテーブルで食事をする場所に座ったとき、梁《はり》の角が自分のほうを刺していたとします。その場合、体調不良になったりする可能性がないとは言えません。梁《はり》の角で運気を落とさないように気をつけましょう。

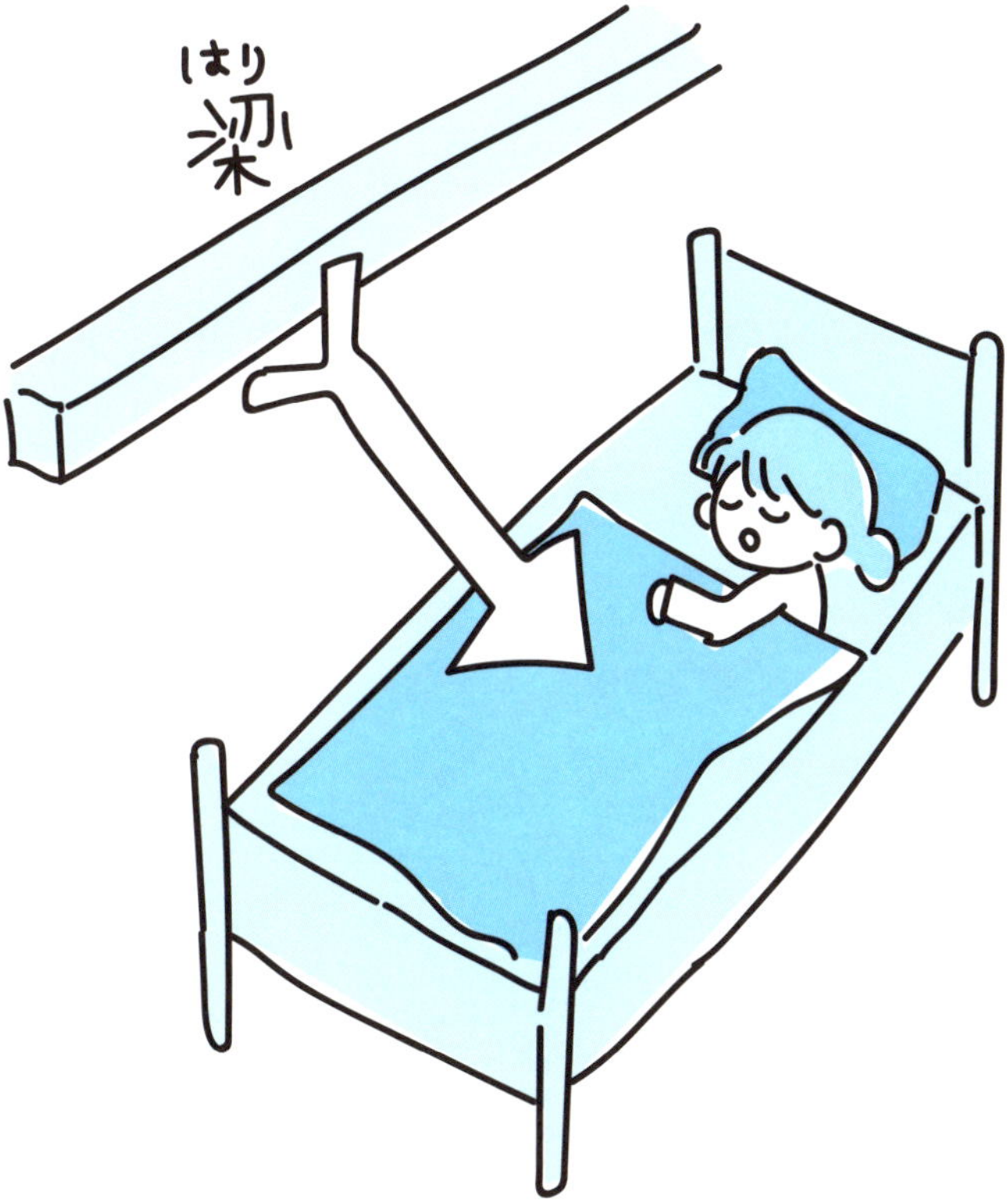

梁の角は運気を下げるので布で覆うなどしましょう

洗面所・お風呂・キッチン

洗面所やお風呂の排水溝に髪の毛などがたまっていたら、すぐに掃除してください。とくに洗面所の鏡と流しのところはいつもキレイにしておくと、お肌の調子が良くなったり、美しさがアップします。また、洗濯機とお風呂のお湯をつなげるホースがありますが、**お風呂のお湯は、決して洗濯には使用しないこと。せっかくお風呂に入って落ちた、その日の良くない「気」を洗濯物に再度つけることになります。**残り湯で洗った洗濯物を天日《てんぴ》で乾かしても、その悪い気は洋服についたままです。そのよくない「気」を背負ったまま、運気を上げようとしてもなかなか上がりません。

キッチンは、食器などの洗い物をためないようにすること。気が滞《とどこお》って、パートナーとケンカをしやすくなります。さらに、キッチンの床は細かいゴミがたまりやすい場所なので、できるだけキレイにしておくと良いでしょう。汚いままにしておくと、良くない気が充満して、家庭運、恋愛運、美容運、健康運、すべてが下降する原因になってしまいます。

そのほかの塩の使いかた

家を清めることが運気上昇のポイントになりますが、自分自身も清めてみてください。

●塩の円……ソルトサークル

塩を用意します。お風呂場に持っていき、お風呂場の床に、**人が一人入れるくらいの丸い円を、塩で描いてください。その中に、入ってみてください。**お風呂に入るときでもいいし、そうでないときでも大丈夫です。お風呂に入ったときなら、頭、肩、背中、足、なども一緒《いっしょ》に塩で清められます。**ここで気をつけることは、毎日、やらないことです。**もし、やるとしたら、多くの人と会ったと

嫌なことがあったときは自分自身を
塩で清めましょう

きや、今日はツイていなかったなぁ、と思ったときなどです。旅行や出張の前などにするのもオススメです。お風呂場でない場合には、ベランダなどでも大丈夫です。

また、自家用車をお持ちでしたら、出掛ける前に、車の周りに一周、塩を撒いてみてください。車にも、いつも「ありがとう」と、言ってみてください。車に塩を積んでおけば、難を逃《のが》れられることがあります。

●物事を前に進めたいとき

私は「この仕事が決まるといいなぁ」とか、「この仕事をどうしても成功させたい」と常に思っています。もちろん、全力で物事に取り組みますが、いつも塩を持ち歩いています。例えば、その日が契約日の場合、私は相手の会社の建物に入るときに、塩をほんの少し撒きます。ジャケットのポケットに塩を入れておき、誰にも気づかれないくらいにパラッと撒いています。そうすることによって、物事がスムーズに進むことが多いです。もし、その会社とは縁がないようなら、自然に契約は進まないどころか、縁がなくなる場合があります。

私は今までに、ウエディングのプロデュースや、結婚式、結婚披露宴の司会をたくさん

してきました。新郎新婦のお祝《いわ》いのため、ゲストのみなさまが嬉しい気持ちで集まって来る場です。嬉しい気持ちが大きすぎて、披露宴中、飲みすぎで体調が悪くなったり人がいたり、あるいは、もともと仲が良くない人同士が顔を合わせたりするときもないとは言えません。ちょっとした言葉のやりとりで険悪な雰囲気のテーブルがあったりします。そのようなことが起こらないように、**披露宴前、私は会場の四隅にパラッと、塩をほんの少し撒きます。そうすると、円滑に物事が進みます。**

テレビのレポーターの仕事にも長年、携《たずさ》わってきました。スタジオに入る前、まわりに気づかれないように塩をパラッと撒いてきま

仕事を成功させたいという気持ちで塩を撒く

した。さらに、イベント会場では、お客さんの前でマイクを持って話をします。お客さんが入る前、そのステージに、「よろしくね」と、その場所に声を掛けながら塩を撒いています。もちろん会場の人に迷惑にならない程度のほんの少しの量です。

人の集まるところには、さまざまな「気」であふれています。それは、良い気もあれば、悪い気もあります。邪気《じゃき》を払う気持ちで、塩を少しだけ撒き、いつも清々《すがすが》しい気持ちでいたいものです。

●名刺

仕事などで人と会うと名刺交換すると思います。**名刺はその人の「気」や「人柄」が宿っています。もし、ちょっとでもイヤな感じがしたときには、自宅や会社に戻ってからで構いませんので、白い封筒の中に、その人の名刺と、ひとつまみの塩を入れて、糊《のり》で封《ふう》をしてください。**そして、引出しの中など、見えないところに置いてください。縁がある人なら、その人はあなたにとって有利な方向に物事を進めてくれます。そうでないときは、自然に離れていきます。**1か月ほど経《た》ったところで、封《ふう》を開けて中の名刺を取り出し、名刺入れに保管を。塩は流しで捨ててください。封筒もゴミ箱へ。**

イヤな印象を受けた人の名刺は塩と一緒に封筒に入れておこう

運気を上げるコツはリセット

財布の中に入っているものを全部出して、もう一度、しまってください。レシートが入っていたらすぐに出してください。財布は大切なお金を出し入れする場所です。できれば、お札だけの財布と小銭の財布と分けるのが理想です。**金運アップのためには、お札に居心地のいい空間を作ってあげてみてください。お札を折りたたまない長財布をオススメします。**

バッグの中も毎日全部出して、入れ直してみてください。一日の終わりに財布もバッグもリセットすることで、気持ちも一緒にリセットすることができます。

実は会社の経営者やお金持ちの方々は、このリセットをよくしているのです。話を聞くといくつかの共通点があります。バッグの中はもちろん、財布の中もシンプルに整理されているようです。このことからも運気の上昇にはリセットが必要なのです。

一日の終わりにバックの中身を全部出して整理しよう

第二章

風水で自分の家を見る

地形が大切

風水は六千年以上前から行《おこな》われていたと言われているものです。古代中国では、『隠宅《いんたく》』と言って、お墓を建てる位置を決めるところから始まっているといわれています。お墓を建立《こんりゅう》する場所が良ければ良いほど、つまり、パワーが集まる場所であればあるほど、その家系が繁栄すると言われてきたからです。

お墓は『隠宅』で、人が住む家は『**陽宅**《ようたく》』になります。良い場所を選ぶと、人が自然に集まってきます。つまり繁栄《はんえい》するのです。地形を見ると、山、川、平地などがあります。そのパワーが集まるところを『**龍穴**《りゅうけつ》』といいます。

かつて皇帝や王は、自分の権力を振りかざすための首都の場所、戦いを有利に持ち込む場所、そして自分の子孫が繁栄するための墓の場所、その運命を決める〝おかかえ風水師〟を雇《やと》い重用《ちょうよう》していたそうです。

つまり風水は、家の中よりも敷地、敷地よりも地形が大切なのです。

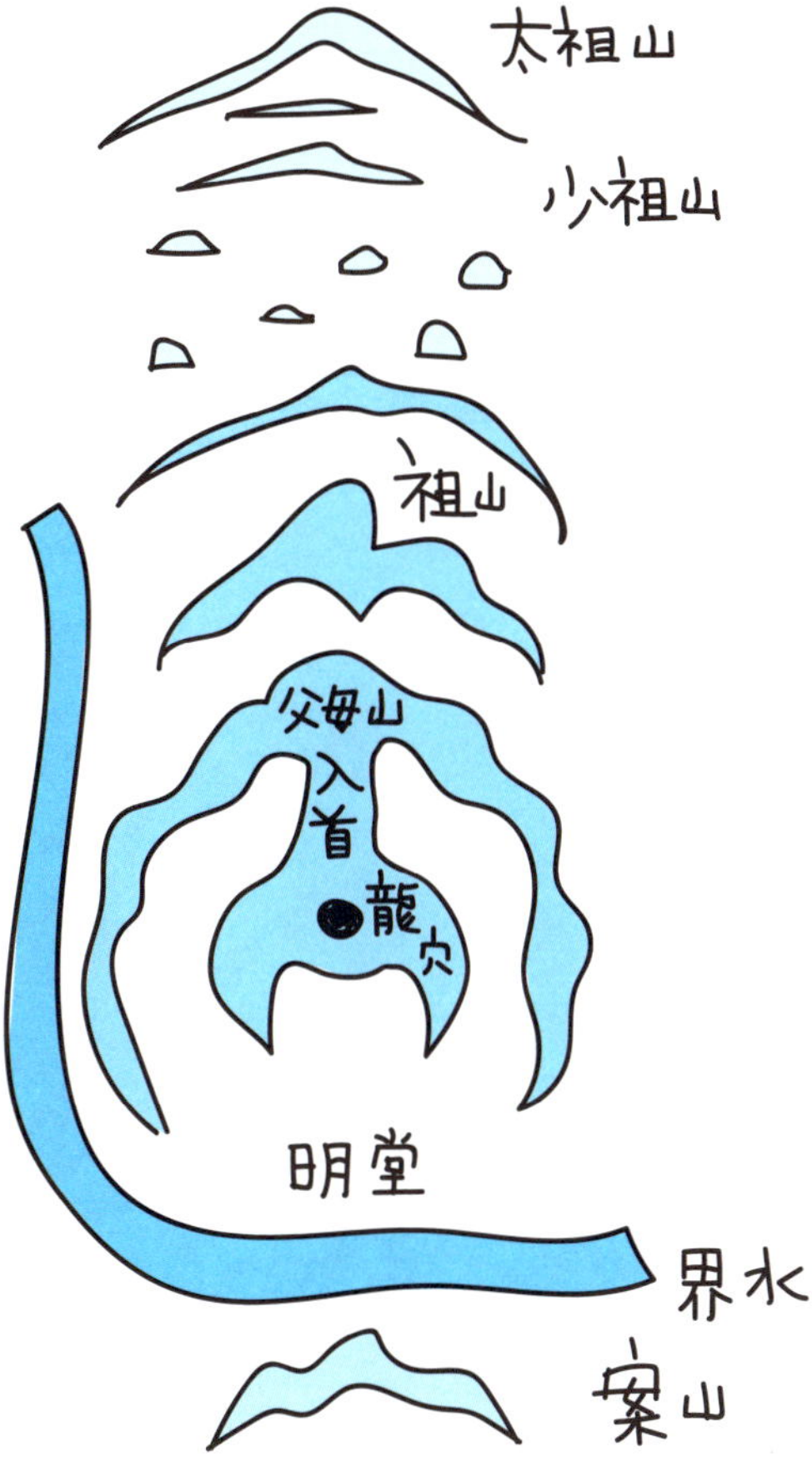

陰宅の典型的な例

古代中国ではお墓を建てる場所が、一族を繁栄させるための最重要事項。『龍穴』に一番パワーが集まることから、お墓はその位置に建立。龍穴は前後左右から風に守られ、さらに太祖山から龍穴までの距離が長ければ長いほど一族の繁栄が永久に続くと思われていた。

今、あなたが住んでいる場所がどのような地形なのかを知ることで、その場所は良いところなのか、そうでないのかが判断しやすくなります。とはいっても、悪いところに住んでいるから、すぐに引っ越すなど難《むずか》しいことです。良い場所を探すのも、とても大変なことです。そこで、どのような場所が良いのか、良くないのかを事前に知っているだけでも、日々の過ごし方が変わってくるのではないでしょうか。私は今まで、引越し先を探すたび必ず50軒以上は実際に物件を見てきました。良いところがなければ、さらに足を運んだものです。労せずにということはないのです。地道に場所探しをしてください。

一族が繁栄すると言われる場所「四神相応」

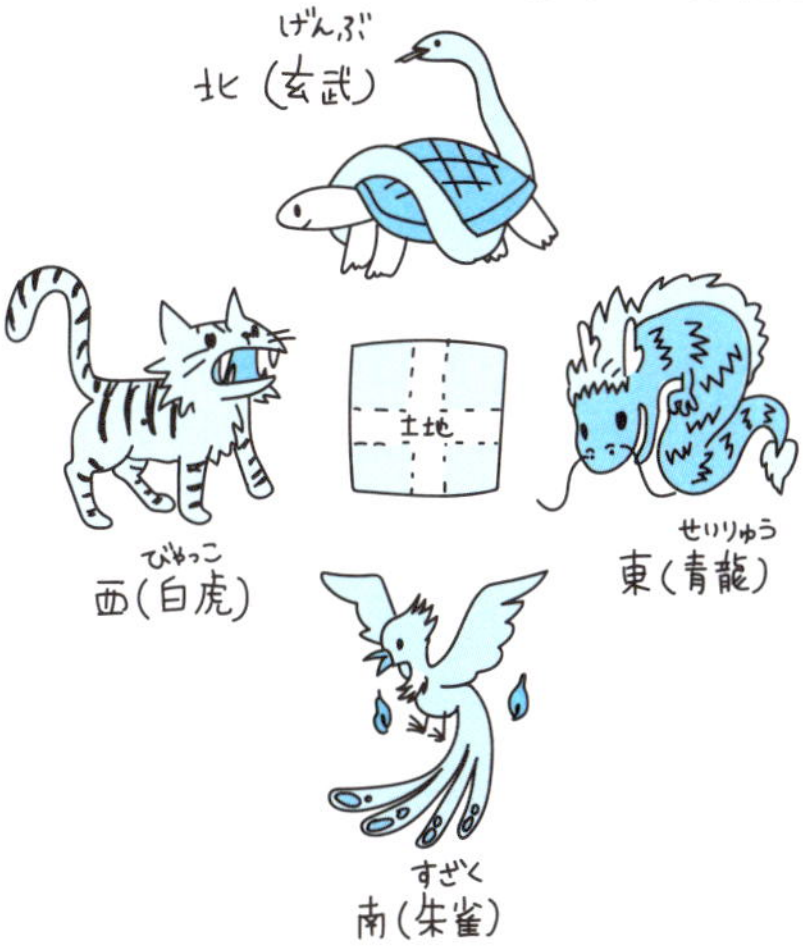

コラム❶　四神相応

中国では大地の四方《しほう》にそれぞれ神が宿るという地形のことを「四神相応《ししんそうおう》」と呼んでいます。その地形は、背後に山、前方に海・湖沼・河川が配置され、左右から丘陵あるいは、背後の山よりも低い山で囲むことで、風を蓄《たくわ》え、水を集める地形として、とても良いとされています。

東の青龍《せいりゅう》、西の白虎《びゃっこ》、南の朱雀《すざく》、北の玄武《げんぶ》と呼ばれています。しかし、日本では考え方が少々違うようです。北に山、東に川、南に平地または池、西に大きな道が良いとされています。

場所選び

自分の家が建てられている環境を見てみましょう。山に囲まれた盆地や谷は、場所によっては良くありません。市街地で言えば、高い建物に囲まれているところも良くないとされています。ここでは具体的にどのような場所・建物が良くないか、いくつかご紹介します。

かつては川が大きなエネルギーの流れでしたが、現代では川ではなく、道路がその主流を占《し》めています。はじめに、良くない場所から見ていきます。

建物のまわりには道がありますが、その形が大切です。例えば大雨が降ったとします。川から大量の水が流れてきます。家と直角に道がある場合、道路から家に向かって流れくる大量の水圧で、その家は流されてしまいます。つまり、道路から、良くない「気」を受けることになってしまうのです。運気が上がらないどころか、病気や事故、家庭不和など不運の連鎖が襲ってくる場所になります。

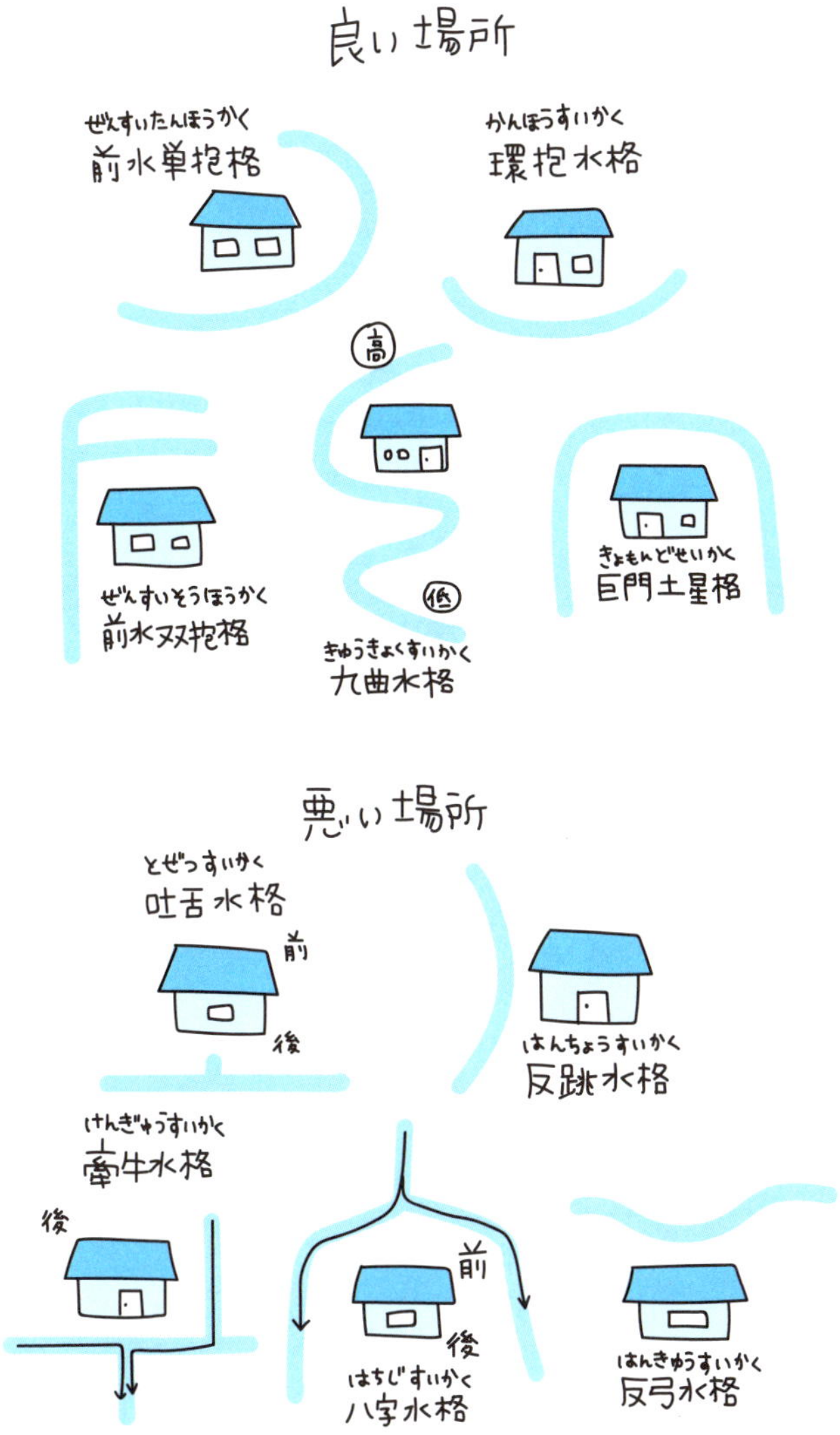
良い場所
前水単抱格《ぜんすいたんほうかく》
環抱水格《かんほうすいかく》
高
前水双抱格《ぜんすいそうほうかく》
低
九曲水格《きゅうきょくすいかく》
巨門土星格《きょもんどせいかく》
悪い場所
吐舌水格《とぜつすいかく》
前
後
反跳水格《はんちょうすいかく》
牽牛水格《けんぎゅうすいかく》
後
前
後
八字水格《はちじすいかく》
反弓水格《はんきゅうすいかく》

その反対に、良い場所を見てみると、家は大雨で流されそうな感じの場所ではありません。悪い「気」を受けずにすみます。このように、できるだけ難《なん》から逃《のが》れられる場所に住むのが良いとされています。

しかし、いくら地形が良くても、恒常的に運気が下降してしまう建物による凶相《きょうそう》があります。その例を挙げてみます。

『煞《さつ》』には気をつけよう!

煞《さつ》とは、「殺す」「そぐ」「動きを止《と》める」という意味があります。生活をおびやかす煞は、すぐに影響が出るというものではなく、知らず知らずのうちに悪い方向へ引っ張られてしまうのです。病気になったり、事故に遭ったりと不運が続き、恐ろしい現象が起こると言われています。街中にはたくさんの煞がありますので、次のような煞には気をつけましょう。

【尖角煞《せんかく》】

窓から見える建物の角が、自分の家の窓の方に向かっているのは良くありません。角が家の中の人を突き刺していることになりますので、運気は下がる一方です。

【平台煞《へいだい》】

家の玄関や窓から景色を見たとき、前にある建物の屋根が、自分の家のほうを向いているのは良くありません。強い流れや風が容赦《ようしゃ》なく、家に向かってくるからです。

【虎頭煞《ことう》】

ビルや家の上に出っ張った部分がある物体を指します。混乱や苛立《いらだ》ちを生み出します。自分の家

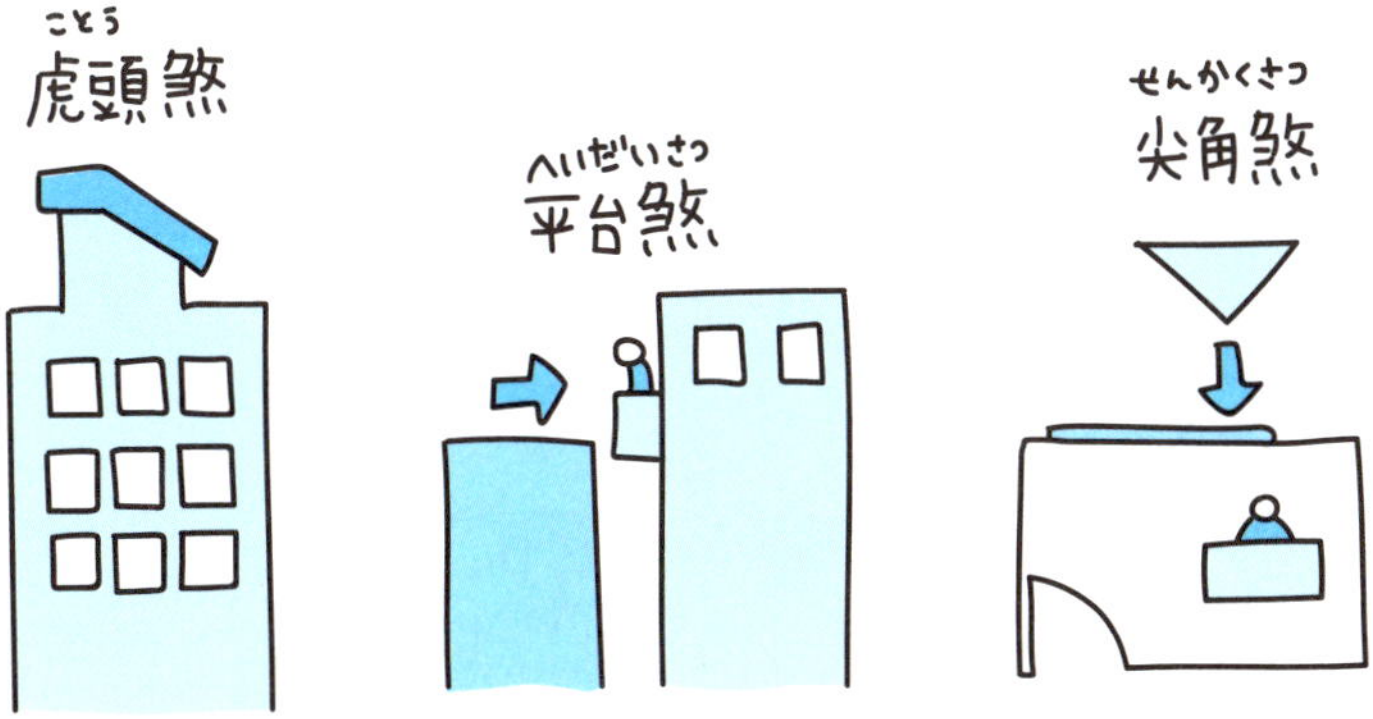

都会の建物にはさまざまな“煞《さつ》”がある

にあっても良くありませんし、窓から見えても良くありません。

【天斬煞《てんざん》】

都会の場合、ビルとビルの間に、人が一人入れるかどうかくらいの隙間があります。二つの建物の間、狭い隙間《すきま》のことを言います。ここは絶えず強い風や流れが往来するので、この建物は良くないとされています。

【鎌刀煞《れんとう》】

家に向かって道路が反《そ》り返っていたら、この家の財運が奪《うば》われます。経済的に不安定になる運気を持っていて、お金が入ってきても、すぐに出てしまいます。

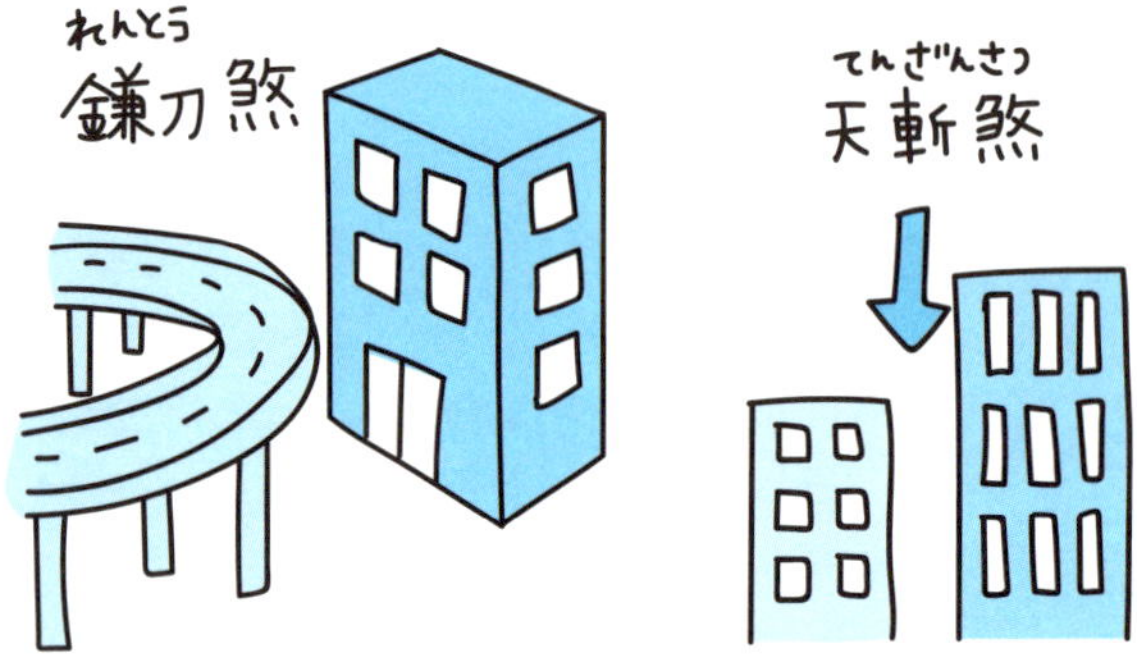

自分の住んでいる場所に“煞《さつ》”がないか確認する

【頂心煞《ちょうしん》】

大きな木や、高いビル、煙突などが道路を隔《へだ》てて、あなたが住んでいる家やマンションの玄関の真正面にあるのは良くありません。精神面や健康面にダメージがあると言われています。

【探頭煞《たんとう》】

低いビルのうしろに、高いビルが立ち並んでいる場所を都会ではよく見かけます。誰かが後方から覗《のぞ》き込んでいるようにも見えます。手前にある低いビルは盗難に遭いやすい凶相なので気をつけましょう。

【槍煞《やり》】

住んでいる家が、道路の突き当りや、道路が家に向かっている場所を言います。突き当たりはエネル

盗難や不運の吹きだまりになりやすい場所

ギーが押し寄せてきて、その家には幸運がたまりにくいどころか、道路の形状によっては、悪いものの吹きだまりになるおそれがあります。（対処法は46ページ以降参照）

【白虎煞《びゃっこ》】

家の中の玄関から見て、右隣の建物が工事中の場合、運気が低下すると言われています。財運だけではなく、健康面にも不調が出ます（対処法は46ページ以降参照）。

【門沖煞《もんちゅう》】

住んでいる家の玄関が、道路や廊下を隔《へだ》てて、正面にあるのは注意が必要です。相手の住民の運気をそのまま受けてしまったり、トラブルが起こりやす

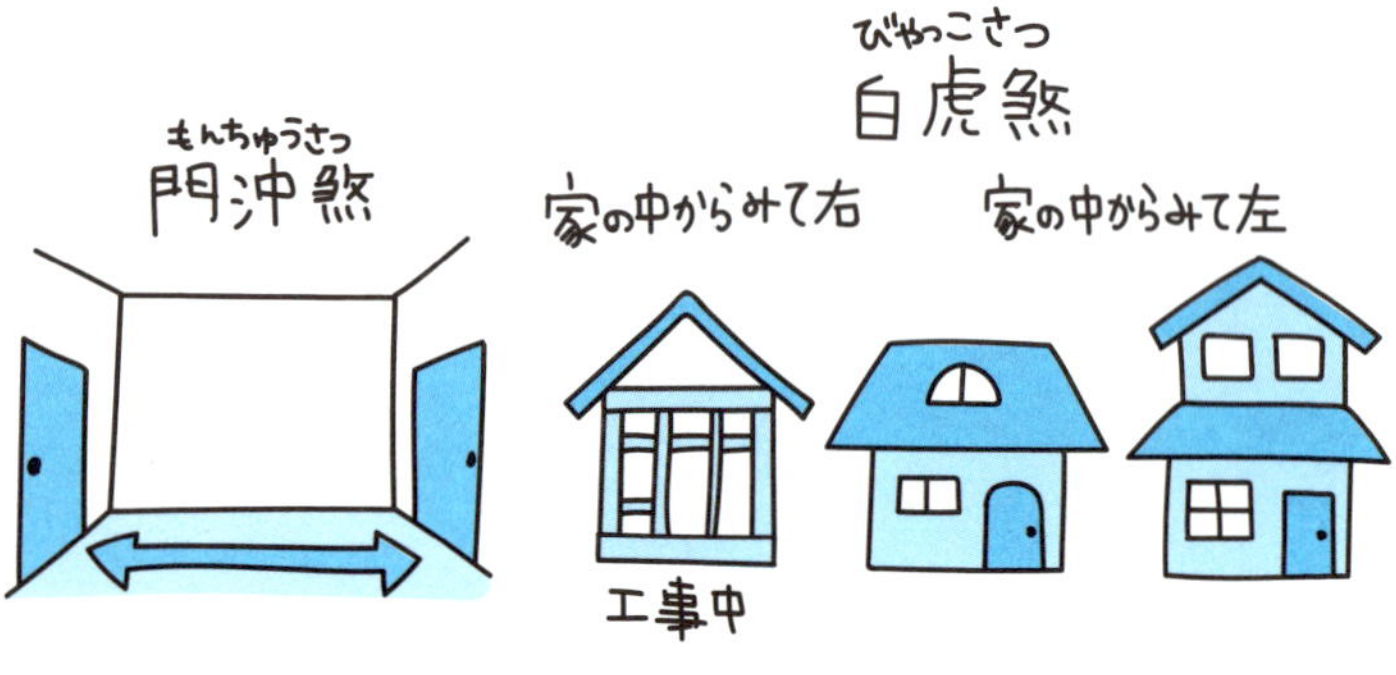

煞《さつ》は知らず知らずのうちに不運を呼び寄せる

くなります。精神面が不安定になる相です。
煞のほかにも、次のような悪い場所があります。

【孤峰《こほう》】

風や嵐から守るものがなく、山にも守られていない場所に建てられている高い建物を指《さ》します。この建物は、人との調和、バランスが良くないとされています。高層や超高層ビル（高層ビルは、日本国内では、地上30m以上の建物。超高層は、地上60m以上の建物を指す）の中で仕事をしている人、住んでいる人は気をつけましょう。

【割脚水《かっきゃくすい》】

湖上に建てられた家などを指します。まわりには遮《さえぎ》るものが何もなく、エネルギーがすぐに拡散され

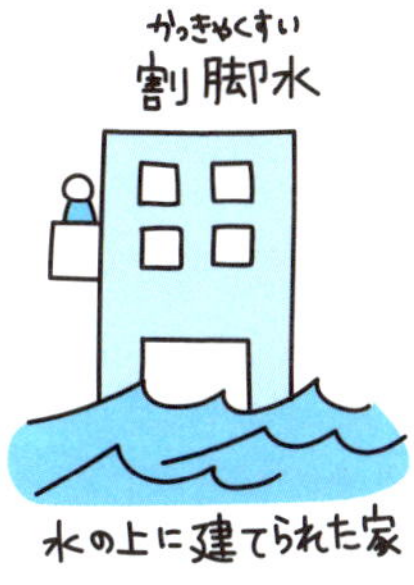

調和の良くない場所は人間関係を悪化させてしまう

てしまいます。

手軽な対処法

日本には鬼門・裏鬼門がありますが、もしそこにトイレなどがある場合、手軽な対処法として水晶《すいしょう》を使ってみましょう。水晶には、人工・合成・天然《てんねん》のものがありますので、**必ず天然の水晶を使用してください**。

水晶クラスター

水晶の中でもクラスターと呼ばれる先が尖っているものの使い方をご紹介します。いろいろな形がありますが、写真のような手のひらサイズのもので十分です。

家の間取り図の中央から見て、方位を出します。（49～51ページ参照）鬼門、裏鬼門に水まわりがある場合には、先の尖ったほうを北東、あるいは南西に向けて置くと良いでしょう。置き場所と方角を間違えないようにしてください。

●家の中心の出し方

方位の測《はか》り方がとても大切です。家の玄関で方位を測るのではなく、家の中心から方角を出すことが大事です。**それにはまず、家の間取り図を用意してください。手描《が》きではなく、不動産やさんなどが作成した、できるだけ正確なものが必要です。なぜなら、一辺の長さが違うと、結果が違ってくるからです。**

正方形や長方形ならとても出しやすいのですが、そうでない場合が多いので、48ページの図を参考にしてください。間取りで、出っ張っているところを「張《は》り」と呼び、その反対に引っこんでいるところを「欠《か》け」と呼びます。目安は3分の1です。一辺の3分の1ほどの張りでしたら、中心を出すときには、そこは含《ふく》めません。その反対に、2分の1以上ある場合には、そこを含めて中心を出します。間取り図の四隅の角から線を引きます。中心の取り方の図を参考にしてください。

以前、扇形《おうぎ》のマンションの部屋に住んでいる人から鑑定を頼まれたことがあります。その場合は、建物全体を見て判断します。ここでは、わかりやすいように、ほぼ四角い間取りの場合を例に挙《あ》げてみます。一軒家でもマンションでも同じことです。一軒家の場合には、1階、2階、3階と、フロアごとに鑑定していきます。最初は玄関のある1階から見ていきます。地下1階や、2階が玄関の場合には、玄関がある場所から見たほうが、わかりやすいでしょう。

●北の合わせかた

中心が出たら、方位磁針を用意し、図面で出した中心に立って、北を合わせてください。

最近では、スマホに無料のアプリがありますので、ダウンロードして使うと便利です。こ

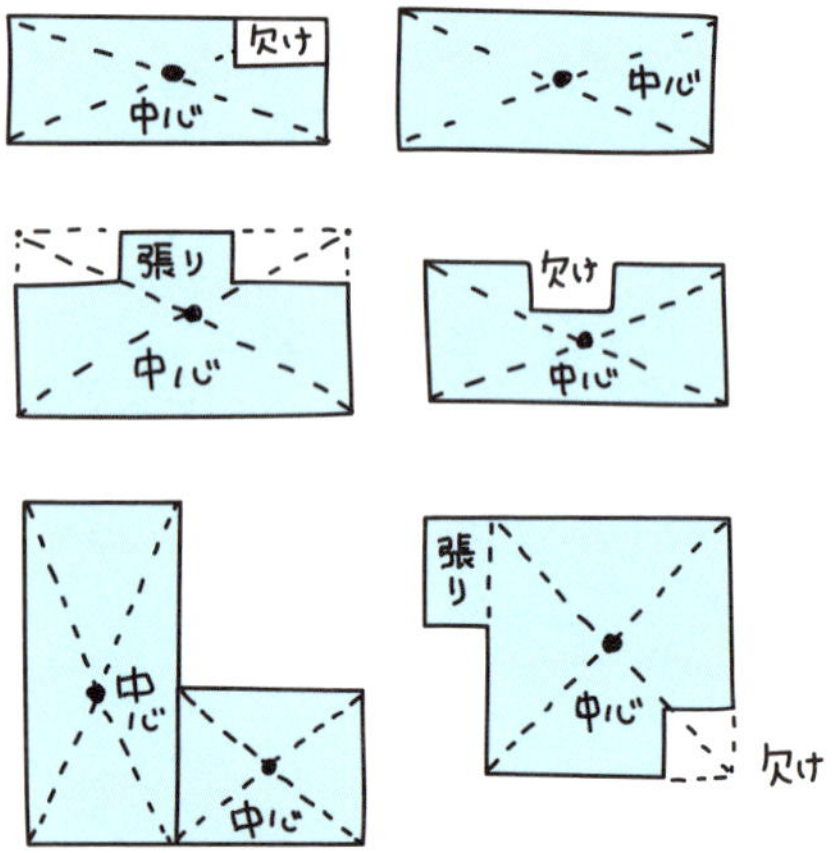

部屋の中心の取りかた

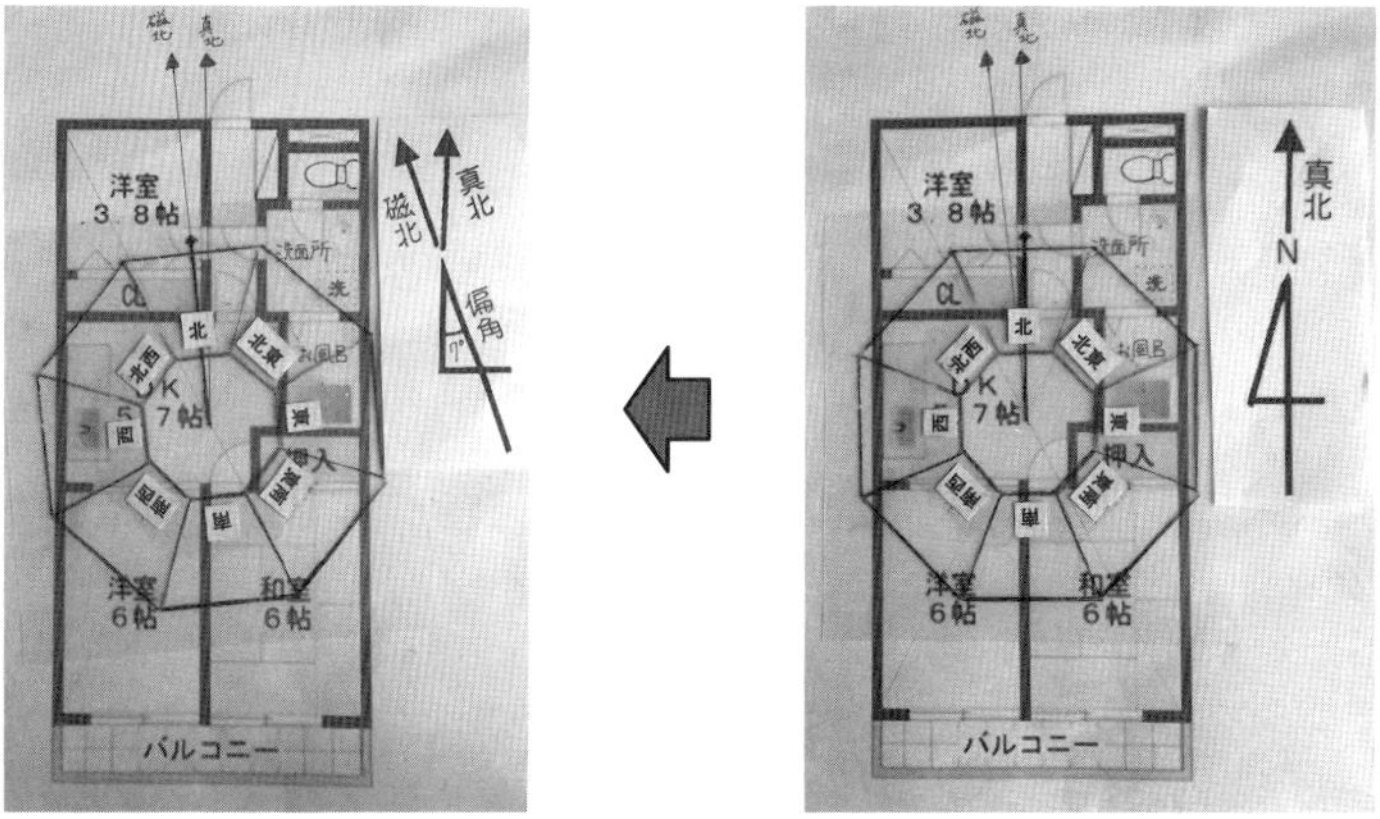

①方位磁針の「北」に合わせる。②東京の場合は偏角が約7度なので、7度ほど西側に傾ける。方位盤が指す矢印が磁北となる。

こで、注意したいのは、方位磁針が出す「北」は、磁石が差す「北」になります。**風水では、真北《しんぼく》を出さなくてはいけません。そこで、偏《へん》角《かく》を考慮して方位盤を合わせてください。**ゆつくりやれば簡単です。

日本各地で4〜10度の偏角があります。北海道の札幌では約9度、東京で約7度、那覇で約4度です。正確な偏角の度数は、国土交通省の国土地理院のホームページに詳しく掲載されているので参考にして下さい。「国土地理院　偏角一覧図」で検索すると出てきます。

ここでは、東京を例にしてみます。東京の偏角は約7度。図面に方位盤を合わせたら、西側、つまり左に7度、ずらしましょう。それが正確な方位図になります。そこから図面を見て鑑定していきます。

●水晶を置く位置

真北に方位盤を合わせたあと、北東と南西にトイレなどの水まわり（流し・お風呂・洗面）があるかどうかを調べます。もし、そこに水場があった場合、水晶クラスターの先の尖ったほうを、北東、あるいは南西に向けて置いてください。

そのほかの場所にも有効な水晶クラスターの使い方をご紹介します。例えば一軒家の場合、自宅の玄関の正面に、ほかの一軒家の玄関があったとします。その場合には、自宅の玄関の前に、水晶クラスターの尖ったほうを、ほかの一軒家のほうに向けて、土に埋めておくとよいでしょう。そうすると、人間関係の不和が緩和されるでしょう。水晶クラスターの尖っている先を、鬼門、あるいは裏鬼門に向けて置くか、土の中に埋めてください。

◆槍《やり》殺の場合（43ページ参照）には、自宅に向かってくる道路に向けて、玄関の前の土地（土）の中に、水晶クラスターの先の尖った方を向けて埋めておくことをオススメします。もし、土の中に埋められない場合には、棚などの上に置いておいても大丈夫です。このとき、あくまでも水晶の尖ったほうを、向かってくる道路のほうへ向けてください。

◆**白虎《びゃっこ》煞の場合**（44ページ参照）は、自宅から見て、工事をしている家の方へ向けて、土の中に水晶クラスターを埋めてみてください。あるいは、工事をしているほうに先の尖ったほうを向けて、窓の近くにある棚の上に置いておきましょう。

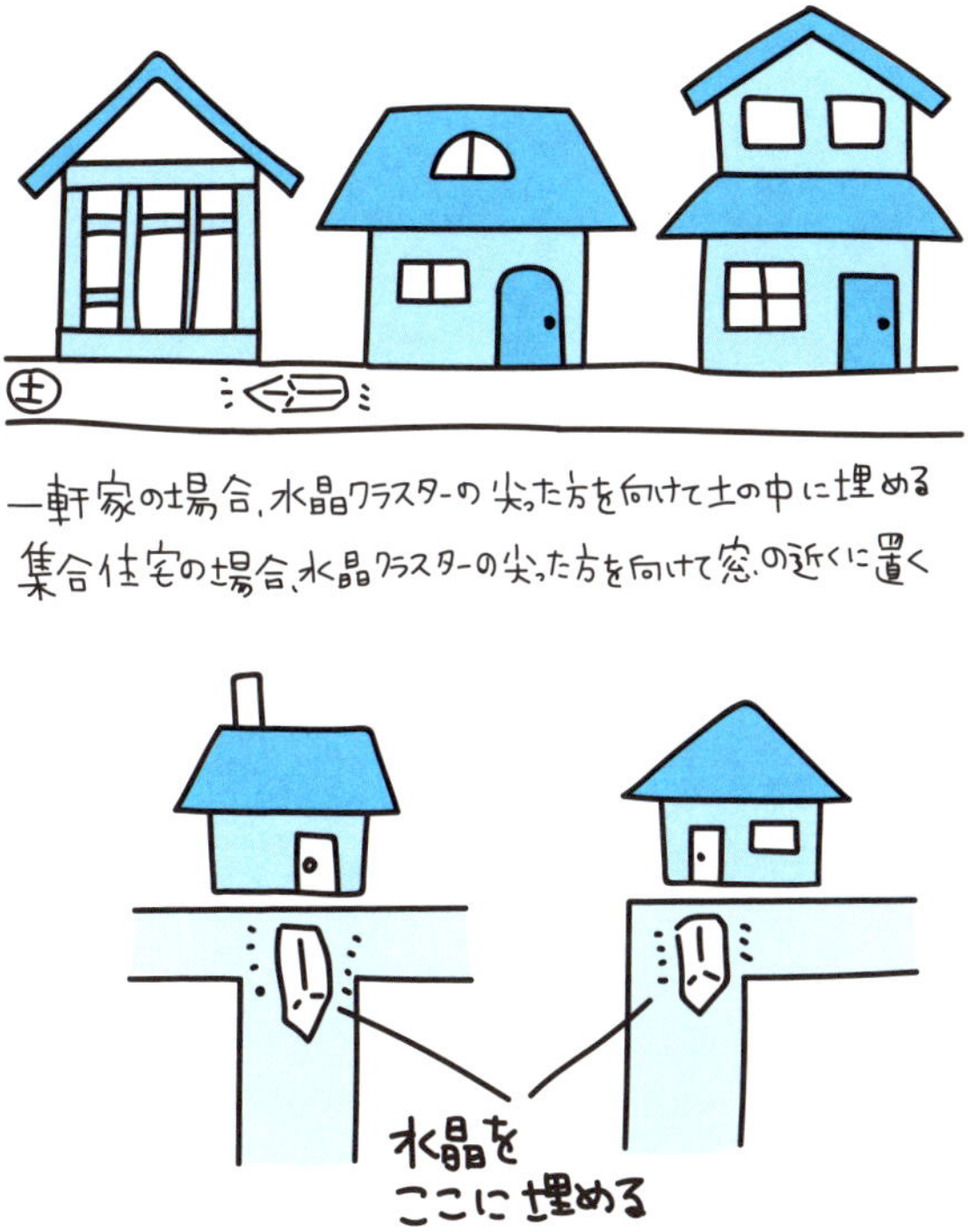
土
一軒家の場合、水晶クラスターの尖った方を向けて土の中に埋める
集合住宅の場合、水晶クラスターの尖った方を向けて窓の近くに置く
水晶を
ここに埋める

悪い“煞《さつ》”を防ぐ方法

神社でお札《ふだ》をもらおう

運気が低迷しているときこそ、神社へお参りに行ってください。前述の「煞《さつ》」がある場合には、ぜひ神社でお札《ふだ》をもらい、お祀《まつ》りすると良いでしょう。神様のご加護《かご》があなたと家を守ってくれます。**お札をもらうのは、地域の中で社格の高い神社と言われている「一《いち》の宮《みや》」神社（全国各地にあり、その数は90以上にのぼる）をオススメします。**そして、いつが良いか……思い立ったが吉日という言葉がありますが、できるだけお日柄を選ぶと良いでしょう。できれば大安吉日が良いのですが、それよりもさらに強化される日があります。それは1年に1度訪れる「節分」です。

現在の太陽暦では、1月1日が元旦ですが、旧暦では、節分を境にして、翌日から1年が始まります。節分は「大晦日《おおみそか》」、翌日は「立春」です。**平安時代ごろ、大晦日になると安倍清明《あべのせいめい》でも知られる陰陽師《おんみょうじ》たちが旧年の厄を祓《はら》う「追儺《ついな》」という行事があったそうです。**

追儺とは、節分にお参りをして厄《やく》を払い、新しい年を清々《すがすが》しい気持ちで迎えることを言います。

風水で運気が変わるのは、立春からになりますので、そこから1年がスタートします。２０２０年までは、２月３日が節分ですが、２０２１年は、２月２日が節分になります。２０２２年から２０２４年までは、２月３日が節分で、２０２５年は、２月２日が節分です。

神社に行ったとき、御守りや根付けなどが神社の外にあるお土産販売店で売られていますが、そこで買うのではなく、ご祈祷《きとう》をしてもらったお札をお祀りしてください。

私がよく聞かれるのが、お札の祀り方です。お札を神社でもらってきたら、その日のうちにすぐにお祀りしてください。お札をもらう前に、あらかじめ神様の家（居場所）を作っておくとさらにいいのですが、まだ持っていない人のために、簡単な方法を一つ紹介しましょう。

賃貸物件の場合には、神棚を作るのが難しい場合が多いです。私も苦労しました。そこで、縦10センチ、横15センチ、厚さ1センチくらいの木の板とクギを2〜3本と金槌《かなづち》を用意します。ホームセンターなどに行けば簡単に手に入ります。それを、なるべく家の高いところにとりつけます。賃貸の家の場合には、壁や柱などに穴をあけてはいけない場所がほとんどですが、細いクギでしたら目立たないことが多いです。**お札が東向きか、南向きになるように置いてください。東南向きでも大丈夫です。**

実は不思議なことがありました。地震でもないし、風も吹いていないのに、いきなりお札が台から落ちてきたことが今まで何度かありました。お札を置く方位が良くなかったようです。方位はしっかり測って、目線より必ず、高い位置に置きましょう。お札を見上げる状態にしてください。**天井には、「雲」や「空」や「天」と書いた紙を貼《は》ってください。**文字の紙を貼ることによって、この上には何もないですよという意味になります。そして、1日に1回、朝は必ずパンパンと柏手《かしわで》を打ち、「今日も1日よろしくお願いします」。そして、1日の終わりには、「今日もありがとうございました」と、必ず神様に挨拶《あいさつ》をしましょう。そうすれば家の神様は、あなたを守ってくれるはずです。

お札の祀りかた

水星《みずぼし》と山星《やまぼし》を活用する

「金運を上げるにはどうしたら良いですか?」という質問が多くあります。**風水では、「龍神《りゅうじん》」が入ってくる家にすれば金運が上昇すると言われています。**

龍神が入ってくる家にするためには、とにかく部屋をすっきりさせることはもちろんですが、さらに、家にはその年に巡《めぐ》ってくる運気が関係しています。「山」と「水」に「星」をつけ、「水星《みずぼし》」「山星《やまぼし》」と呼ばれています。

水星は活動する場所……例えば、リビングやダイニングなど、人が集まって話をする場所にすると、良い運気が訪れます。金運が上昇する場所です。1日1回は必ず窓と玄関を開けて、風通しを良くすることが大切です。山星は健康運です。リラックスする場所など、寝室には最適です。その年によって、「水星」と「山星」の方角が変わるので、龍神様が入ってくる方向を参考にしてください。

水星のところには「水」に関係するもの、例えば金魚鉢や水晶を置くと良いでしょう。

山星は、ゆっくり休む場所です。鏡や大勢で写った写真などを置かないようにしましょう。

龍神が入ってくる方位は、その年によって変化します。左の図でその方位を参考にして、龍神が入ってくる家にしましょう。風通しを良くして、清潔さを保つことも大切です。

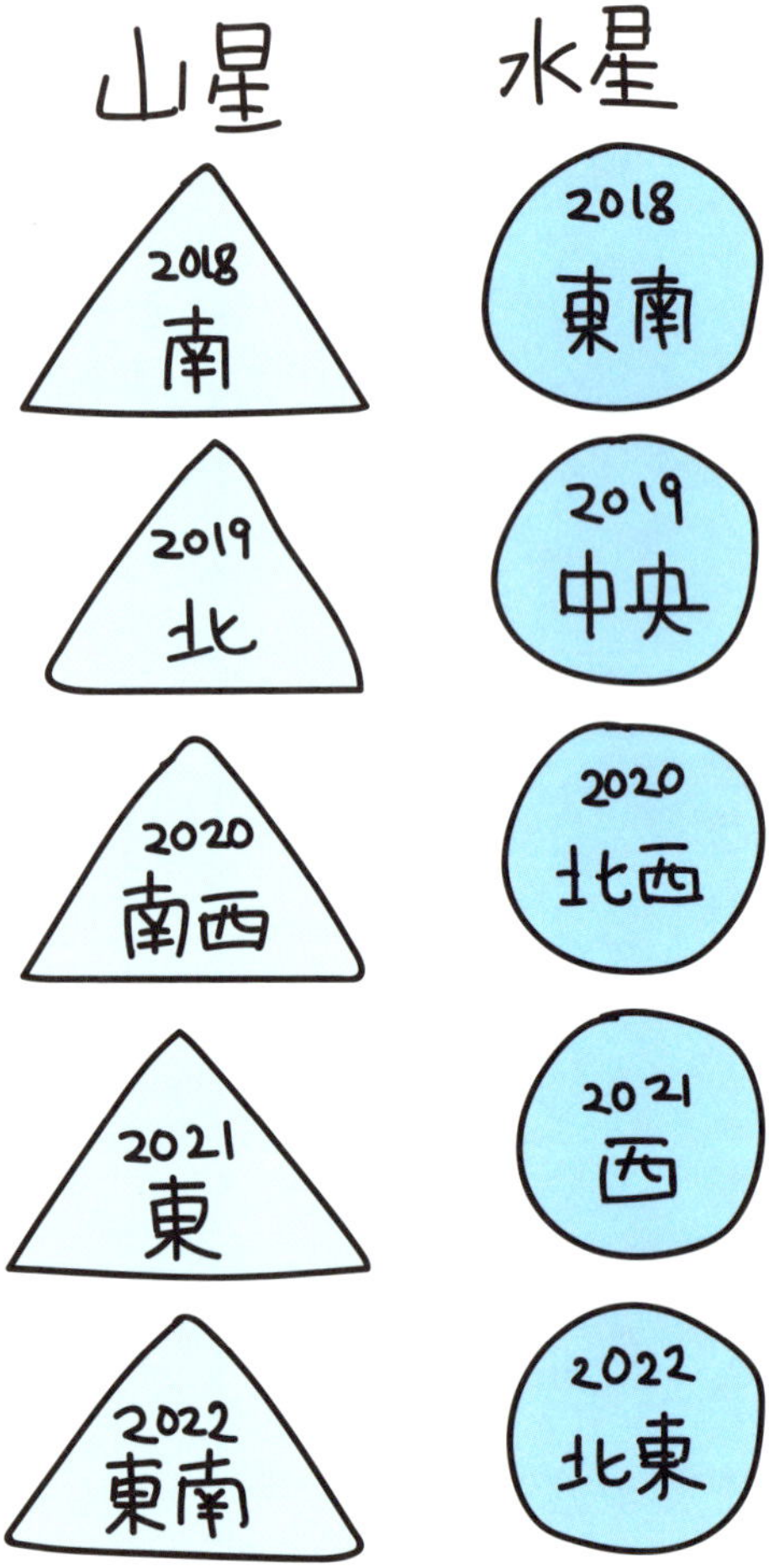

龍神が入ってくる方位

財運を上げるガマ仙人

コラム❷　三本足のカエル「金蟾」

中国が宋の時代だったころ、当時の画家が描いたといわれる「**ガマ仙人**《せんにん》（**金蟾**《きんせん》）」。その仙人は、ガマを使って妖術《ようじゅつ》を行ったと言われています。ガマ仙人が右肩に乗せているガマは霊獣《れいじゅう》と言われ、貧しい家に行っては、口から硬貨を吐き出したそうです。

そんなことから、財運が上がると言われている置物です。**置く場所はドアの側**《そば》**がおススメです**。出かけるときは、玄関の方へ顔が向くように置き、帰宅したら顔を家の中に向けて置くと良いと言われています。1日に1回は声を掛けてあげましょう。

コラム❸　行ってはいけない方位

日本では新学期、４月になると学校に入学や進学、就職などの新たな切り替えの時期が訪れます。その前の３月くらいに、引越しシーズンがピークを迎《むか》えます。賃貸物件の場合、その時期になると借り手が集中するため、価格に折り合いがつかなかったり、思ったような良い場所が借りられないことがよくあるようです。焦《あせ》って引っ越すと、借りた場所が良くない方位になることがあります。

引越し時期がピークを迎える前に借りることができれば良いのですが、なかなかそうはいかないようです。そこで、これだけは覚えていたほうが良いことをお伝えします。**年によって、絶対に行ってはいけない方位があります。それは、五黄殺《ごおうさつ》、暗剣殺《あんけんさつ》、歳破《さいは》です。**

五黄殺《ごおうさつ》は「すべてを腐《くさ》らせて土に返す」。

暗剣殺《あんけんさつ》は、「暗闇から突然、剣で切りつけられる」。

歳破《さいは》は、「すべてを壊《こわ》してほろぼす」という方位です。

つまり、普通に生活していくうえで、なぜか自分だけ不運に見舞われたり、あるいは病気になったりなど、運気上昇どころか、下降の一途《いっと》をたどってしまうのです。

引越しだけではなく、旅行も避《さ》けたほうが良い方位です。２０１８年の五黄殺は「北」

です。**暗剣殺は「南」、歳破は「東南」です。**今、自分が住んでいる家から見ての方位になります。偏角はもちろん考慮に入れてください。

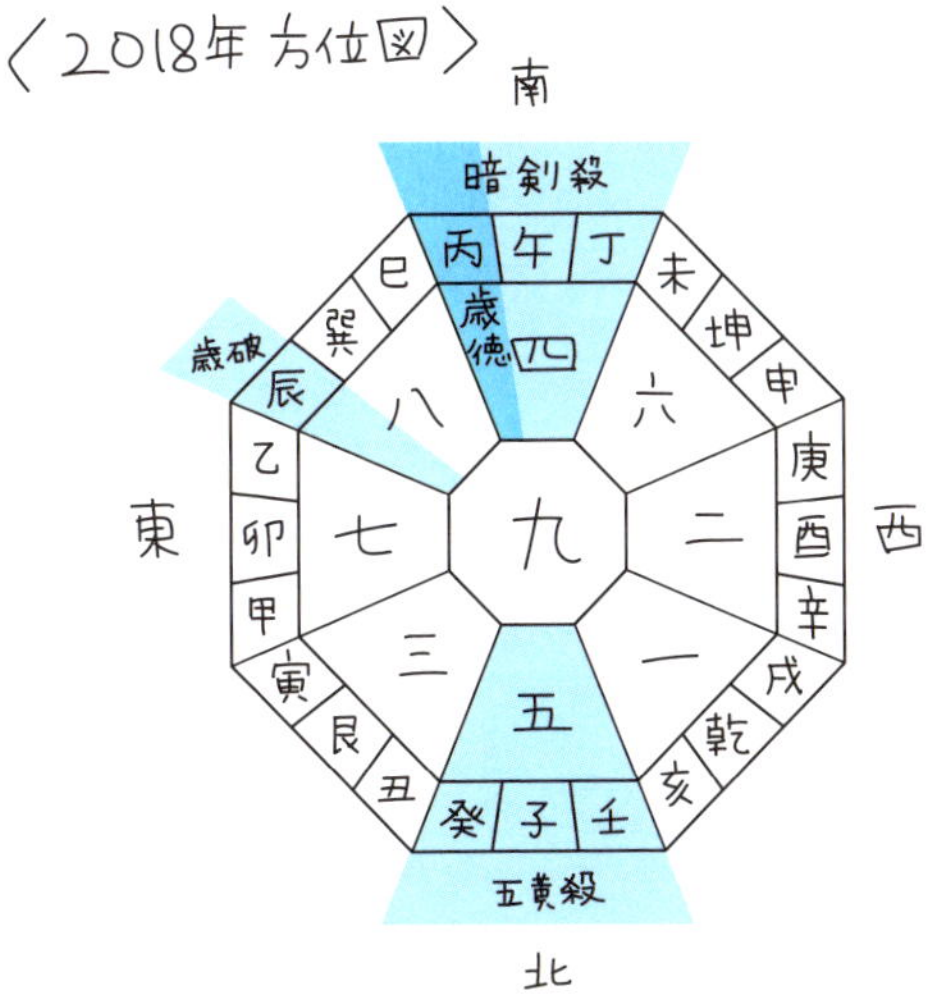

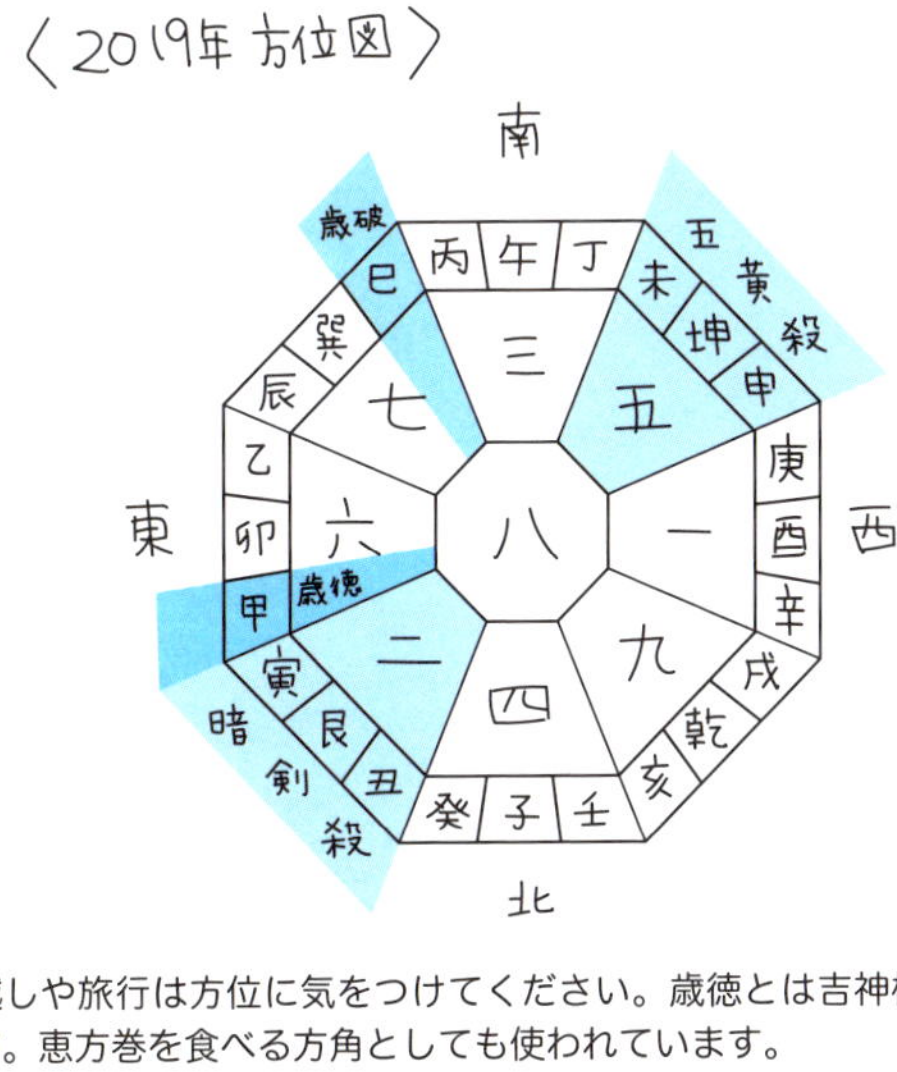

引っ越しや旅行は方位に気をつけてください。歳徳とは吉神様がいる方位です。恵方巻を食べる方角としても使われています。

「陰陽説《いんよう》」と「五行説《ごぎょう》」

風水は、二つの説と大きく関わっています。**相反する二つのものですべてが構成されているという考えから生まれのが「陰陽説」です。例えば、明と暗、天と地、男と女、善と悪、吉と凶など、二つの調和がほどよくとれていたほうが良いとされています。**どちらか一方では、物事がかたよってしまいます。例えば、夜がなくて24時間、明るかったり、世の中が全員、男性だったり、悪いことだけしか起こらなかったりなど、片方だけだとバランスが良くないという考えです。

もう一つは、世の中の成り立ちすべては、「木、火、土、金、水」いう五つの性質に分けられるという考え方です。それを「五行説」と言います。水によって樹木が育ち、火を燃やすためには木が必要で、燃やすと土になり、土の中からは金が生まれるという、**お互いが助け合っているものを相性の良い「相生《そうしょう》」と言います。**その反対に、火は水をかければ消えてしまいます。木が育つためには土の養分を奪うことになります。**一方が他方を傷**

つけたり奪うのが相性の悪い「相剋《そうこく》」です。例えば家の木を育てたいからと、せっせと水をあげればどんどん大きくなっていきます。しかし、たくさん水をやり過ぎると腐《くさ》ってしまいます。また、金運をアップさせたいから、金だけを身に着けるのではなく、土のモチーフを入れるとバランスが良くなります。食べ物も又しかり。バランスの良い食事が健康で美しさを保ちます。このように、何事も過度は禁物。すべて調和が大切なことなのです。

陰陽説と五行説をまとめて「**陰陽五行説**」という場合もあります。風水はこの思想が基本になっていると言われています。

太極図《たいきょくず》

白は「陽」、黒は「陰」。陰陽の調和が上手くとれていると世界は穏やかになると言われている。

陰陽五行説の考え方

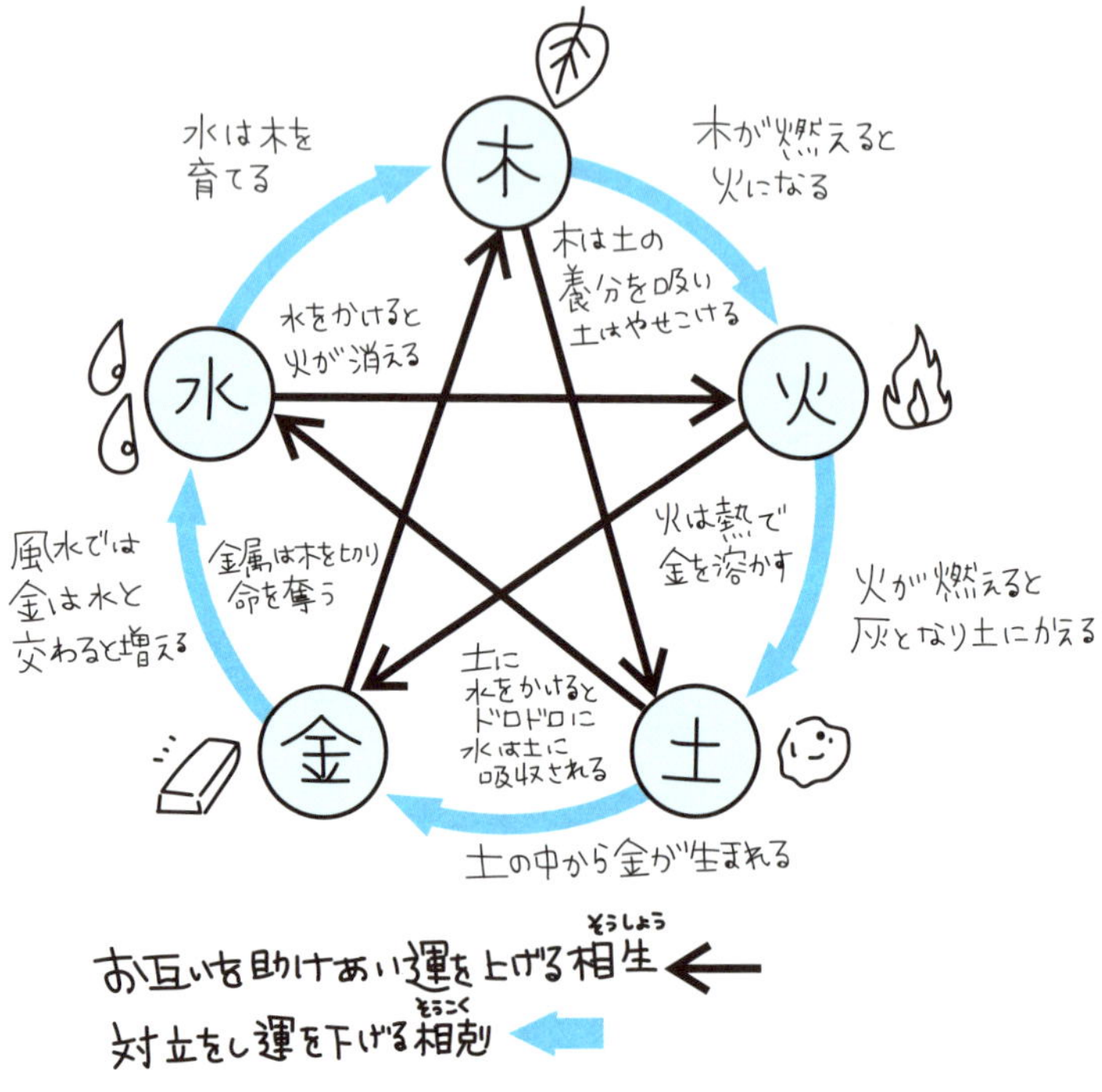
木
火
土
金
水
木が燃えると
火になる
火が燃えると
灰となり土にかえる
土の中から金が生まれる
風水では
金は水と
交わると増える
水は木を
育てる
木は土の
養分を吸い
土はやせこける
水をかけると
火が消える
火は熱で
金を溶かす
金属は木を切り
命を奪う
土に
水をかけると
ドロドロに
水は土に
吸収される
お互いを助けあい運を上げる相生《そうしょう》
対立をし運を下げる相剋《そうこく》

第三章

心掛《が》けたいこと

風水で環境をすべて整《ととの》えたとしても、運気を上げるには普段からの心構えがとても大切です。**もし、人から恨《うら》まれたりすれば、恨んだ人の「念《ねん》」を受けてしまいます。**人間関係をスムーズにさせるために、心掛けたいことをいくつかお話しします。

人の悪口は言わない

悪口を言っている人は、話が横道に逸《そ》れたり、まとまらなかったりと、無駄口が多いように思います。悪口は、自分の立場が危《あや》うくなるどころか、その人自身の品格を下《さ》げることになります。そのような会話を耳にしたら、悪口の輪に入らないよう、その場とその人からサッと離れましょう。**言葉に宿る不思議な力といわれる「言霊《ことだま》」は、プラスに使わないと、どんどん運気を下げてしまいます。**ときには、言葉で人をほめたり、勇気づけたり、なにより自分をほめる言葉を声に出して言ってみましょう。

また、2〜3分で終わる話を、20〜30分以上使って話す人が、あなたのまわりにいませんか？　その人は、相手の大切な時間を奪っていることになります。あなたは話を聞いたあと、ものすごく疲れるのではないでしょうか。同時に運も奪われていることになりますので、そのような人がいたら、できるだけお付き合いしないほうが良いでしょう。

過去の栄光にすがらない

私のまわりには、「昔は忙しくて寝る暇《ひま》もないくらい仕事した」とか、「年収ウン千万円だった」など、今ではすっかりその当時の勢いがなくても、自分が一番華《はな》やかだった時代のことにすがり、その想いを断ち切れずに日々を過ごしている人がいます。そういう人に限って「仕事がない」とか、ボヤいている人が多いのです。**今でも少しは活用できる過去の産物や、今ではすっかり使えなくなった過去の遺物《いぶつ》などは、躊躇《ちゅうちょ》なく捨ててください。そして、今からすぐにでも前を向いて人生を歩いてみてください。**過去の栄光は自分で言わなくても、その経験があったからこそ今の自分ができあがっているのです。他人の自慢話は聞きたいですか？　聞きたくない人が大多数だと思います。大切なのは「今」現在なのです。今のあなたの身なりや言動に自信が持てますか？　**怒れる拳《こぶし》笑顔に当たらず。人に会ったらいつも笑顔で輝《かがや》く人でいてください。**そうすれば自然に運が上昇するはずです。

腐《くさ》れ縁《えん》を断《た》つ

私の母の古くからの友人で、ことあるたびに母に連絡をしてくる人がいます。「今度旅行するんだけど一緒に行かない？」とか、「切符買ってきて欲しいんだけど」など、自分からやりたいことを言いだしながら、自分では何もせず、全部母に任《まか》せきり。約束の待ち合わせ時間には遅れるし、旅行先では何もせず、母に頼ってばかり。何か失敗すると全部、母のせいにしてしまう。極めつけはお金の無心《むしん》。しまいには、その人は母へ罵詈雑言《ばりぞうごん》を浴びせます。「そこまでされて、なぜ仲良くしてるの？」と、私が母に聞くと、「**昔からの長い付き合いだからね**」とのこと。**そのような人と付き合うのは、自分の運気を下げている**

というのは言うまでもありません。

腐れ縁は思い切って断ち切るべきです。その後、母はその人との付き合いをやめたあと、数か月後に良いことがいくつか訪れました。

見返りを求めない

あの人に頼まれたから、○○をしてあげたとか、今日はあなたのために一日をすべて使って○○をした、など、相手にとってプラスになることをした場合、「きっと何かお返ししてくれるに違いない」などと、思ってはいけません。**相手に、良くなってもらいたい、役に立ってもらえればという無償《むしょう》の気持ちが、運を上げる秘訣《ひけつ》です。**

運を上げるために、すぐにできることがいくつかあります。会社勤めなら、ほかの人よりも少し早く出社して社内の掃除をしましょう。自宅なら家族のために家の掃除を心を込めてしてみてください。また、仕事をするための技術や知識を身に着けるための勉強を怠《おこた》らないこと。

さらに、匿名《とくめい》で寄付などをすることも一考。徳《とく》を積《つ》むことで、幸運がどんどん引き寄せられます。

人から物を借りたままにしない

私がホテルで司会の仕事をしているとき、「ちょっとペンを貸《か》してください」「ハサミ貸してください」と、言われることが多くあります。**ペンを貸すと、私の手元に返ってこないことがほとんどです。**貸した人のところへ取りに行くと、「あ、すみません」と言って、ポケットの中を探しはじめる様子。私の手元に戻《もど》る確率は半分ほど。貸したハサミは、今まで返してもらったことが一度もありません。返してくださいと取りに行くと、「あ、どこかいっちゃいました」と、その人は笑っています。すみませんの一言《ひとこと》すらありません。どうして物を返さないのかはわかりませんが、「ペンやハサミなどたいしたことない」と、思っている人が多数を占《し》めているのでしょうか。

また以前、私は仕事先の人に、「本を貸して欲しい」と言われ、資料として本を10冊くらい貸したことがありますが、1冊も戻ってきませんでした。**もし、あなたが部屋を片付けていたとき、借りたものが出てきたら、たとえ年月が経っていたとしても、借りた人に速《すみ》やかに返しましょう。**貸した人も忘れていることがあるとは思いますが、借りたままにすると、あなたは「だらしない人」という印象を相手に持たれたままになります。

そんな良くない「気」をため込んでいてもなんのプラスにもなりません。お金ならなおさらです。貸した人は覚えていることが多いのです。貸し借りは控《ひか》え、運を落とさないようにしたいものです。

感謝の気持ちを忘れずに

夜、寝る直前に独り言で「今日も一日、ありがとうございました」と、神様に向かって

声に出して言ってみてください。家に神様がいれば、きっと聞いていると思います。一日、無事に過ごせたのも、神様やまわりの人のおかげです。感謝の気持ちを忘れないことが大切です。

そのあと、「今日も一日、ありがとう。お疲れ様」と言って、自分自身を労《ねぎら》いましょう。私は立ち仕事が多いので、夜、寝る前には足がとてもだるくなり、ふくらはぎや爪先が痛くなります。その折には、足を擦《さす》りながら「お疲れ様」と、足に向かってつぶやいています。また、お腹が痛いときは、お腹の上に手を置き「良くなってね」。怪我をしたときには、その箇所《かしょ》に手を当てて「早く治ってね」とか、喉《のど》が痛いときには、喉のところに手を当て「ご苦労様」と、声に出して言っています。

物だけではなく、自分自身の身体を大切にすることによって、明日への活力が湧《わ》き、元気が出て運も引き寄せられるのです。自分の家や、自分自身にも感謝の気持ちを忘れずに。

第四章

「易《えき》」を立てよう

迷ったときは「易占い」が答えを教えてくれる

悩みや問題があってどうしようかと迷ったとき、あなたは今までどのようにして考え、決めてきましたか？　誰にも相談せず、自分の考えと強い意志ですべて結論を出してきた人もいるかもしれません。しかしそういう人はそれほど多くないと思います。身近な人に相談して自分の気持ちを確認したり、あるときには高額なお金を払ってプロの占い師に観てもらった人もいることでしょう。もちろん相談や鑑定は、悩みを解消する一つの方法だと思いますが、納得できる結論は出ましたか？　誰にも頼らずに、自分で観る方法があるのです。簡単で、しかも確実な答えが導き出されます。

人生の選択に迷ったとき、「易《えき》占い」が次に打つ手を教えてくれるのです。

易占いの最古の原型は、古代中国の「**連山易**《れんざんえき》」と言われています。その後、漢民族の祖先が農耕生活をしているころには「**帰蔵易**《きぞうえき》」というものができたそうです。この2つは今では残っておらず、現在あるのは、約三千年前に完成された「**周易**《しゅうえき》」です。易占いは、この周易のことを指します。

中国の帝王は、民衆を飢饉《ききん》や戦いから守らなければならなかったという歴史があります。例えば、万里の長城を建築する際、天候をみたり、異民族の侵入を防ぐ政策が必要でした。指揮をとるとき、戦勝を予知をするための手段にこの「周易」を使ったと言われています。そんなことから、「周易」は「帝王学」として尊《たっと》ばれたそうです。実はそれだけではないことに私は驚きました。東洋で生まれた易は、西洋でも使われていたのです。

オーストリアの精神医学者**ジークムント・フロイト氏**と同じ時代に生きていた**著名なスイスの精神科医・心理学者カール・グスタフ・ユング博士は易の大家でした。そのユングに易を紹介したと言われる宣教師のリヒアルト・ヴィルヘルム**は「易経がどのように役立つのか。それは、どこにでも届く電気の回路を想像するのが一番良い。電気回路は電気を供給するのみで、それ自体が発光するのではない。しかし、一定の場所に届くと電流が通じ、その場所に電気が灯ることになる」（ヴィルヘルム［バインズ訳］『易経』より。日本語訳は著者による）。つまり易には心理的内面要素が働くということです。

これからみなさんに紹介するのは、誰でも簡単にできる易占いです。占い方はやさしいのですが、そのあと、どのように読み説くかは、あなた次第です。易の答えは、潜在意識によって写し出されたものだと言われています。

以前、私のところへ30代の女性が「独身で彼氏もいないし、結婚できますか？」と相談に来ました。易占いをしてみたところ、「**地風升**《ちふうしょう》」という卦《け》が出ました。『これは結婚にはとても良い卦です。もしかしたら玉の輿《こし》に乗れるかもしれませんよ。でも、今は焦《あせ》ってはいけないときです。着実に一歩一歩物事を進めていくとき。地道に努力していれば、きっと良い人にも巡り合える時期がくると思いますよ』と私が答えました。その後、1年ほど経ったのち、「占って頂《いただ》いた少しあとに彼氏ができて、今は結婚を前提にお付き合いをしています。ありがとうございました」という吉報《きっぽう》をもらいました。

八つの「卦《け》」の意味

易は「**八卦**《はっけ》（はっかとも言う）」という「**象意**《しょうい》（八卦や九星などの表す意味合いを、物や自然現象になぞらえたもの）」からできています。森羅万象の「**天**《てん》・**沢**《たく》・**火**《か》・**雷**《らい》・**風**《ふう》・**水**《すい》・

山《さん》・地《ち》」を「**乾《けん》・兌《だ》・離《り》・震《しん》・巽《そん》・坎《かん》・艮《ごん》・坤《こん》**」という文字にあてはめました。これに**〝陽〟である「⚊」**と**〝陰〟である「⚋」**の形で表現されています。

形の意味は深く、象意があります。占いの結果を自分で読み取るときの参考にしてください。以下は、象意のほんの一例です。

☰ 乾《けん》（天《てん》）

質実剛健。創造的。円満。広大。無限。高い。速い。宇宙。自然の法則。白。男性。父親。目上の人。年配の男。皇帝。聖人。社長。リーダー。専門家。高層建築物。大平原。神社。海。川。竜。馬。高熱。晩秋〜初冬。晴れ。

☱ 兌《だ》（沢《たく》）

喜び。笑う。和。娯楽。誘惑。愛嬌。白。黄金色。少女。若い女。女優。友人。妾。評論家。谷。湿地。羊。鶴。猫。口。歯。肺。呼吸器。秋。曇り。

☲

離《り》（火《か》）

太陽。熱。激しい。光。敏感。美人。目的。競争。観察。次女。火口。文書。警察官。鶴。目。亀。孔雀。心臓。正午。夏。晴れ。

☳

震《しん》（雷《らい》）

活動。奮起。決断。成功。仕事。振動。驚かせる。健康。凶暴。長男。息子。兄。情熱家。木。車。電話。鷲。蛇。手足。青。緑。春。晴れ。

☴

巽《そん》（風《ふう》）

流動。軽快。利益。出入り。不決断。長い。長女。優柔不断な人。遊び好き。草原。林。洞穴。鶏。魚。昆虫。針。青。白。晩春～初夏。風が強い。

☵

坎《かん》（水《すい》）

流出。危険。知恵。思想。陥る。困難。障害。法律。多忙。悩み。穴。若い男性。次男。ずるい人。盗人。科学者。医者。酒。毒。ねずみ。狐。耳。腎臓。冬。雨や雪。

☶ **艮《ごん》（山《さん》）**

静止。孤立。慎重。貯める。拒否。忍耐。こだわり。三男。少年。青年。後継者。警備する人。家。不動産。門。丘。墓。高台。犬。虎。黄色。鼻。関節。早春。曇り。

☷ **坤《こん》（地《ち》）**

受容。従順。謙虚・堅実。衰弱。忍耐。消極的。優柔不断。疑惑。祖母。母。妻。凡人。田舎。布。平野。畑。牛。胃。腸。土色。晩秋～初夏。曇り。小雨。

八卦の組み合わせは全部で64卦あり、それぞれ意味があります。

震《しん》	巽《そん》	坎《かん》	艮《ごん》	坤《こん》
☳	☴	☵	☶	☷
34 雷天大壮《らいてんたいそう》	9 風天小畜《ふうてんしょうちく》	5 水天需《すいてんじゅ》	26 山天大畜《さんてんたいちく》	11 地天泰《ちてんたい》
54 雷沢帰妹《らいたくきまい》	61 風沢中孚《ふうたくちゅうふ》	60 水沢節《すいたくせつ》	41 山沢損《さんたくそん》	19 地沢臨《ちたくりん》
55 雷火豊《らいかほう》	37 風火家人《ふうかかじん》	63 水火既済《すいかきせい》	22 山火賁《さんかひ》	36 地火明夷《ちかめいい》
51 震為雷《しんいらい》	42 風雷益《ふうらいえき》	3 水雷屯《すいらいちゅん》	27 山雷頤《さんらいい》	24 地雷復《ちらいふく》
32 雷風恒《らいふうこう》	57 巽為風《そんいふう》	48 水風井《すいふうせい》	18 山風蠱《さんぷうこ》	46 地風升《ちふうしょう》
40 雷水解《らいすいかい》	59 風水渙《ふうすいかん》	29 坎為水《かんいすい》	4 山水蒙《さんすいもう》	7 地水師《ちすいし》
62 雷山小過《らいざんしょうか》	53 風山漸《ふうざんぜん》	39 水山蹇《すいざんけん》	52 艮為山《ごんいさん》	15 地山謙《ちざんけん》
16 雷地予《らいちよ》	20 風地観《ふうちかん》	8 水地比《すいちひ》	23 山地剝《さんちはく》	2 坤為地《こんいち》

の卦（下の三本）が「震《しん》」で、上の卦（上の三本）が「坎《かん》」の場合、「3　水雷屯《すいらいちゅん》」になります。

上の卦／下の卦		乾《けん》 ☰	兌《だ》 ☱	離《り》 ☲
乾《けん》	☰	1 乾為天《けんいてん》	43 沢天夬《たくてんかい》	14 火天大有《かてんたいゆう》
兌《だ》	☱	10 天沢履《てんたくり》	58 兌為沢《だいたく》	38 火沢睽《かたくけい》
離《り》	☲	13 天火同人《てんかどうじん》	49 沢火革《たくかかく》	30 離為火《りいか》
震《しん》	☳	25 天雷无妄《てんらいむぼう》	17 沢雷随《たくらいずい》	21 火雷噬嗑《からいぜいこう》
巽《そん》	☴	44 天風姤《てんぷうこう》	28 沢風大過《たくふうたいか》	50 火風鼎《かふうてい》
坎《かん》	☵	6 天水訟《てんすいしょう》	47 沢水困《たくすいこん》	64 火水未済《かすいびせい》
艮《ごん》	☶	33 天山遯《てんざんとん》	31 沢山咸《たくざんかん》	56 火山旅《かざんりょ》
坤《こん》	☷	12 天地否《てんちひ》	45 沢山萃《たくちすい》	35 火地晋《かちしん》

【表の使い方】

6枚のコインで結果が出たら、上の卦と下の卦がクロスしているところを見ます。例えば、下

コインで易占いをしてみよう

易占いは筮竹《ぜいちく》という割り箸より細い50本の竹の棒を使うこともありますが、ここでは、だれでも簡単に10円玉でできる「コインでの占い方」をご紹介します。

6枚の10円玉を用意してください。これを例にしてご紹介します。

10と書いてあるほうを「表《おもて》」。平等院の鳳凰堂《ほうおうどう》が描かれているほうを「裏《うら》」とします。

両手を合わせ空洞《くうどう》を作ります。その中に6枚の10円玉を入れ、占いたいことを心の中で念じながら、コインが手の中から飛び出さないように振り続けます。

ある程度、振ったところで、6枚の10円玉の中から1枚取り出し、一番下に置きます。2枚目の10円玉は、その上に置きます。3枚目の10円玉はその上に、4枚目、5枚目、6枚目と、上へ上へと全部で6枚置きます。

紙を用意し、下から10円玉を見て書いていきます。表の場合は「━（＝陽）」と書き、裏

郵便はがき

お手数ですが
62円分切手を
お貼りください

1 7 0 - 8 4 5 7

東京都豊島区南大塚
2-29-7
KKベストセラーズ
書籍編集部行

おところ 〒

Eメール @ TEL ( )

(フリガナ)
おなまえ

年齢 歳
性別 男・女

ご職業
会社員
公務員
教 職(小、中、高、大、その他)
無 職(主婦、家事、その他)
学生(小、中、高、大、その他)
自営
パート・アルバイト
その他( )

愛読者カード

このハガキにご記入頂きました個人情報は、今後の新刊企画・読者サービスの参考、ならびに弊社からの各種ご案内に利用させて頂きます。

●本書の書名

●お買い求めの動機をお聞かせください。
1. 著者が好きだから　2. タイトルに惹かれて　3. 内容がおもしろそうだから
4. 装丁がよかったから　5. 友人、知人にすすめられて　6. 小社HP
7. 新聞広告（朝、読、毎、日経、産経、他）　8. WEBで（サイト名　　　）
9. 書評やTVで見て（　　　）　10. その他（　　　）

●本書について率直なご意見、ご感想をお聞かせください。

●定期的にご覧になっているTV番組・雑誌もしくはWEBサイトをお聞かせください。
（　　　）

●月何冊くらい本を読みますか。
（　　　冊）

●本書をお求めになった書店名をお聞かせください。
（　　　）

●最近読んでおもしろかった本は何ですか。
（　　　）

●お好きな作家をお聞かせください。
（　　　）

●今後お読みになりたい著者、テーマなどをお聞かせください。

ご記入ありがとうございました。著者イベント等、小社刊行書籍の情報を書籍編集部 HP（www.kkbooks.jp）にのせております。ぜひご覧ください。

の場合は「⚋（＝陰）」と、出目順に書き記していきます。

一番下の1枚目から3枚目までの10円玉の出目を「下《した》の卦《け》」、下から4枚目から一番上の6枚目までの10円玉の出目を「上《うえ》の卦《け》」とし、「⚊」か「⚋」かを、確認しながら、書きあげます。

この本の78〜79ページに書いてある図表で「同じ卦」のカタチを見ます。

例えば、全部10円玉が「表」の場合、上の卦も「☰＝乾」、下の卦も「☰＝乾」。占いの形は「䷀」となります。その場合、図表の組み合わせを参照すると、この形は、「乾為天《けんいてん》」だとわかります。

そこから「乾為天」の象意の付録解説のページを参照してみてください（86ページ参照）。自分で推理しながら占いの「答え」を読み取ってください。

占い方はとても簡単ですが、結果を読み説くのが難しいのです。結果を見たときのあなた自身の直感や閃《ひらめ》きも使ってください。易は必ずや正確な卦を導き出します。

コインで易をたてよう

① 10円玉を6枚用意します

② 手の中に入れ、占いたいことを念じて振ります

③ 1枚目をとりだし。
表なら ━━
裏なら ━ ━ と書きます

④ 2枚目～6枚目をとりだし上に並べていきます

6枚目 ━ ━ 裏
5枚目 ━━ 表
4枚目 ━ ━ 裏
3枚目 ━━ 表
2枚目 ━━ 表
1枚目 ━━ 表

⇨ 「水天需《すいてんじゅ》」となります

コインで易占いをするときの心得

◆テーブルの上に無地《むじ》の布を置いてください。無地は〝無〟を意味します。

◆気持ちを落ち着かせ、平常心ですること。占う前に深呼吸をして集中を。人をだます計画やお金儲けのことばかり考えて占うと、正確な答えは出ません。素直な心で占いましょう。

◆内容を具体的にすること。「AとBのどちらが良いか」**という質問ではなく、**「Aにした場合、1か月以内に上手くいくか」**など、的を絞《しぼ》ってください。**具体的な質問のほうが明確な結果が導き出されます。状況は少しずつ変わりますので、最初の目安は1か月以内くらいの質問にしてください。**同じ内容を何回も占わないほうがいいでしょう。**最初に「1か月以内」と占った場合には、その1か月後くらいにもう一度、占ってみましょう。慣れてきたら半年後など、もう少し先のことも占えるようになってきます。

◆良い結果を信じることは、良い未来を可能にします。悪い結果を恐れることは、悪い

しましょう。

良い運気を呼び込むために、目標に向かって前向きに行動しましょう。

◆占いたいと思ったときに易を立てましょう。

それでは、ここからは**コイン易占いの64通りの「答え」の解説**をしていきます。

付録

コイン易占い
64通りの〝幸せ〟解説

1

乾《けん》為《い》天《てん》

この卦はご覧のようにすべてが「陽」になっています。陽は男性の象徴です。乾《けん》は皇帝、リーダー、男性、父親を表しています（75ページ参照）。社会的な立場からみると、リーダーシップを発揮している人です。そのため責任は重く、毎日毎日、必死の思いで働かなければなりません。

すべての面において上昇。つまり、誠実に物事にあたれば、とても上手《うま》く進んでいきます。土に撒いた種は水と太陽の光を浴びてどんどん成長していきます。そこから豊かな実りを手にします。今まで計画していたことはすぐに実行するときです。願いはかなうでしょう。もちろん、幸運はあなたの目の前に自然にやってくるわけではありません。自らの力で、手繰《たぐ》り寄せなければならないのです。

物事は上手くいくのですが、精神的な疲労や緊張状態が続きそうです。まわりからの評価が上がれば上がるほど、その分プレッシャーを受けることになります。物事が成功したからといって自信過剰になってはいけません。また、暴走しないように注意が必要です。

例えば、登山をして頂上まで登りつめたとします。頂点を極めたときは、このうえなく気持ちがいいものです。しかし、あとは下り坂が待っているのみです。下り坂では、転ばないように気をつけなければならず、走ると怪我《けが》をしてしまうかもしれません。満足していい気になっているとそれこそ足元をすくわれかねません。短気や傲慢《ごうまん》はせっかくの良い気の流れを台無しにするどころか不運に見舞われてしまうでしょう。

あなたが男性なら、事務から営業まですべてを任される状況。女性の場合には、例えれば、現場の力仕事まで任されることも出てくるでしょう。恋愛や結婚をしても家に落ち着くタイプではありません。もし、結婚を考えている場合には、決して良縁とは言えません。

この卦の欠点は、どんなに働く時間が多くてもあまり収入には結びつきにくいところです。

★問題が起こった場合には、信頼している目上の人に相談してみましょう。成功している人や心穏やかな博識者からのアドバイスで、あなたはラッキーをつかめるでしょう。

★人と接するときには思いやりの気持ちを持ちましょう。

★失くしたものは、出てきにくいでしょう、

★とくに頭、神経系の病気、便秘には気をつけましょう。

2 坤《こん》為《い》地《ち》

1の乾《けん》為《い》天《てん》とは全部逆の陰《いん》「⚋」になっています。易経《えききょう》には「坤《こん》は、元《おお》いに亨《とお》る。牝馬《ひんば》の貞《てい》に利《よ》ろし」と書かれています。牝馬はメスの馬のことです。つまり、一歩引いて、男性を立てることにより、自分の目的を達成することができるのです。ここで言う〝男性〟とは、夫、父、目上の人や指導者、師匠などを指します。その人の教えに誠実に従うことで物事が順調に進むのです。キーワードは「従順」。自分が率先して物事を動かそうとすれば、失敗することが多いということになるからです。

また、**「西南に朋《とも》を得《う》、東北に朋《とも》を喪《うしな》うに利《よ》ろし」**とあり、西南に行けば、自分の親しい友人と手をつないで何かをすることになり、東北に行けば、親しい友人と別れることになるとも書かれています。プラスとマイナスの事柄。**つまり、陽と陰は大極図《たいきょくず》（61ページ参照）のように和合しているものなので、今すぐにではなく、時が経《た》てば上手くいくという卦になります。**女性の場合には、控え目でご主人を立てる良いお嫁さんになれるでしょう。男性の場合には、なよなよとした部分が目立つため、頼りない人のように映ります。

結婚を考えている場合、あなたのまわりにいる頼りになる人に相談したほうが良さそうです。

★自分の気持ちをしっかり持ち誠実に進めば、すべては良い方へ向かうでしょう。

3

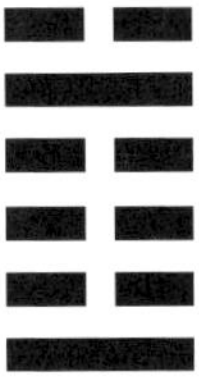

水雷屯《すいらいちゅん》

寒い季節に雪が降り積もり、あなたは今その雪と冷たい土の下に深く埋もれている状態です。雪が解けて草木が芽吹き始めるとき、あなたはその土の中からようやく少しずつ出てくることができるのです。希望は決して捨ててはいけません。今は暗闇の中で耐え忍ばなければならないときなのです。**水雷屯《すいらいちゅん》は、64卦の中でも「四大難卦《よんだいなんけ》」と呼ばれる中の一つです。**早急に物事を進めたり、無理に動けば動くほど良くない方向に進み、窮地《きゅうち》に立たされることがあります。軽率な行動は控え、じっくりと作戦を練る時間にしましょう。大きな目標があってもすぐにはかないません。目的を達成するには時間がかかりますが、あとで夢は必ずかないますので、すぐにあきらめたり怠惰《たいだ》は禁物です。蒔《ま》いた種に肥料を与えるように努力は惜《お》しまないこと。その先には必ず成功が待っているので頑張りましょう。

恋愛や結婚は、現状では難しいときです。少しばかり時間はかかりますが、好転することを信じて愛を育《はぐく》みましょう。

★目標達成は早くて4か月～半年後以降になりますので、今は我慢のときです。

★自暴自棄にならず、冷静さを保ちましょう。

★自我を出さずに、相手の意見をよく聞きましょう。

私のところに雑誌の編集者が来て「独立して新しい雑誌の会社を立ち上げたいけれど、どうなるかという相談でした。易を立てたところ「水雷屯《すいらいちゅん》」が出ました。「今すぐには難しい状況ですが、自分のビジョンが明確ならばスポンサーや協力してくれ人があなたのまわりに出てくるはずです。あきらめないで、地道にやれば必ず願いはかなうでしょう」と、伝えました。実際にはすでに協力者がまわりに数名いるとのことでした。半年ほど経ったところで「翌月には創刊号が書店に並ぶことになりました」と私に連絡がありました。その人は毎日、寝るのも惜しんで開設に全力投球したそうです。電話口で「大変でした」と苦笑い。産みの苦しみがあったからこそ、手にした喜びは大きかったはずです。

暗闇の中で耐え忍ばねばならないときもあるので努力は惜しまずに

4 山水蒙《さんすいもう》

「蒙《もう》」とは、道理をわきまえない無知のことを言います。草木が覆い茂ってまわりが見えず朦朧《もうろう》としているのです。ここでは、子供や若い人を指します。若い人はこれからたくさん勉強をして、知識を身に着けなければなりません。そのためには先生が生徒を見つけるのではなく、生徒が〝この人だ〟と尊敬できる先生を探して一生懸命に勉強するのが良いとされている卦です。

山水蒙《さんすいもう》は、山の下に水が湧き出ている状態です。その水はまだどこに向かって流れていいのかわからず止まっています。しかし、その水はいずれは川に注がれ、大海原《おおうなばら》へと流れていくのです。今は先のことがわからず明確さには欠け苦労が多いときです。何事も手さぐりで物事にあたらなければならないため、無駄足が多く、出費もかさみそうです。

結婚を考えているなら、今は控えたほうが無難です。無理に進めてもトラブルになるだけです。相手を見極める力も弱くなっているときですので、少しでも気になるところがあったら慎重になることです。そうすれば相手を違う側面から見ることもできるでしょう。

5

水天需《すいてんじゅ》

自分のカラダの色を変化させるカメレオン。その場所に自分の皮膚を同化させて獲物が来るその瞬間を今か今かと待ち、そのチャンスを逃がさず確実にものにする。**つまり、自分で積極的に行動するのではなく、待つこともチャンスと捉《とら》えてみてください。**とは言っても、ただ口を開けてぼんやりと待っているのではありません。眼光鋭く、頭では常に獲物のことを考え、確実に獲物を仕留める瞬間を自分で思い描いてみてください。マイナス思考はすべて捨て去ること。そうすれば目標を達成することが可能になるのです。獲物を待っている間、ずっと臨戦態勢では疲れてしまいます。身も心もしばし休む時間が必要です。

すぐにかなえたいと思っている願い事はすぐにはかないません。積極的な行動はやめたほうがいいでしょう。恋愛は良縁とは言えないようです。早急には結論が出ないでしょう。

もし、捜している人がいたら、すぐには見つからないようです。交渉事はすぐにまとまらないので、焦らずに整うまで時間をかけましょう。

神経系の病気に注意が必要です。自分ではたいしたことがないと思っていても、もしかしたら怖《こわ》い病気が隠れているかもしれないので気をつけましょう。

6 ䷅ 天水訟《てんすいしょう》

文字通り〝訟《しょう》〟は裁判で是非を争うという意味です。あなたと相手の意見が食い違い、争いになっている様子を表す卦です。どんなに話し合いをしても折衷案《せっちゅうあん》は出てきません。攻撃すればするほど、相手も怒りの火をさらに燃やすことになります。こんなときは争っても百害あって一利なし。まだ争いを起こしていない場合でも、まわりの争いに巻き込まれる恐れがあります。自分の意見はグッと我慢して心の中におさめておきましょう。今、あなたの運気は低迷中です。出しゃばるのはやめましょう。

私のところに「今の彼と結婚をしても大丈夫でしょうか」という相談に来た人がいたので易を立てると「天水訟《てんすいしょう》」が出ました。詳《くわ》しく聞いてみると、お相手とは意見の食い違いが多くストレスがたまるばかりとのこと。でもどうしても好きで結婚したいという気持ちが強かったため、「それならあなたの広い心であたたかく彼を迎え入れてあげてみてください。思いきって考えをすべて変え、気持ちを楽にしてみるといいでしょう」と、申し上げました。その2週間後、ご両家の顔合わせがあったようですが、今度はお互いのご両親の意見や考えがまったく合わず、その結果、かなり険悪なムードになってしまったとか。相談に来た人は結局、親同士との板挟《いたばさ》みになり破談となったそうです。この卦が出た場合には、ひたすら忍辱《にんにく》の気持ちが必要です。

★病気の場合は、長引きそうです。セカンドオピニオンも視野に入れてください。

7

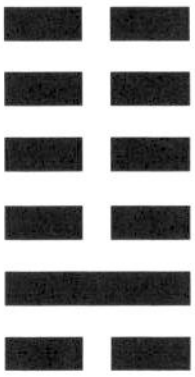

地《ち》水《すい》師《し》

ここでいう「師《し》」は、先生ではなく戦争や軍隊を表しています。どんなにすぐれた兵士がいても、統率する人が良くなければ、強い軍隊とは言えません。例えば企業の場合、決断力が乏しい大会社の社長だと、業績不振どころか倒産の危機に晒《さら》されます。

もう一つの見方があります。軍隊の〝兵士〟は、あなたの心の中にある信念や智恵、アイディアです。一つひとつの要素をまとめるのは、あなた自身なのです。

仕事上では、男性でも女性でも、あなたはリーダーシップを発揮できる人です。部下がいる場合、その人が働きやすいように指導したり、励《はげ》ますのも良いでしょう。あなたは決して居丈高《いたけだか》にならないように。

あきらめず、心を強く持って目標に向かって進むときです。

★どんなときでも誠実でいることが大切です。
★恋愛&結婚は良縁ではありません。
★気苦労が多いときですが、前向きに進みましょう。
★胃腸や頭の疾患《しっかん》に気をつけましょう。

8

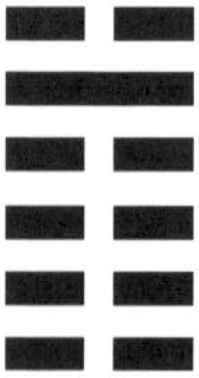

水地比《すいちひ》

あなたが掲《かか》げた目標が、周囲の人たちの後押しがあって達成されるときがきました。しかも、まわりには気の合う仲間が多数集まっています。あなた自身、とても充実して楽しいはずです。しかしここで気を抜いてはいけません。あなたの望みはかなえられますが、そこに集まって来る人たちは、同じような夢を描いている人達の集団です。あなたの願いが先に成就《じょうじゅ》した場合、足を引っ張られることがないとは限りません。言動には細心の注意を払いましょう。

この卦が出たら、結婚を考えている人たちは良縁ですので進めましょう。恋愛の場合は男性の精力が強すぎるので、もしかしたらあちらこちらに女性がいるかもしれません。女性の場合には、モテる男性と交際をしているため、彼の気持ちを常に引き寄せるために、絶えず自分磨きをしていている状況になり、疲れてしまうかもしれません。

★何かを頼まれたら真心を持って尽くしましょう。

★いつも平常心でいられるように心掛けましょう。

★盗難に注意。

9

風天小畜《ふうてんしょうちく》

風天小畜《ふうてんしょうちく》は、雨雲が深く垂れこめていて、今にも雨が降りそうな、でもまだ雨は降っていないそんな鬱陶《うっとう》しい状態を表しています。「畜《ちく》」には、蓄《たくわ》えるという意味がありますので、貯蓄をしている人もいるでしょう。

結婚している夫婦の場合、お金に余裕があっても、ストレスや鬱憤《うっぷん》が相手にたまっている状況かもしれません。ご主人が仕事のあと毎日、外で飲み歩いています。奥様は、そんなご主人を面白く思っていないのです。奥様は家のことや子供の面倒をすべて任されて憤《いきどお》っています。夫婦の間にトラブルが起きやすいときです。

もう一つ例を挙げると、あなたが、自宅でピアノ教室を主宰《しゅさい》している先生だとします。教え子は、初めのうちはどんどん成長していきましたが、発表会の直前、急にその成長が止まってしまいました。あなたがどんなに教えても、生徒はピアノを上手く弾《ひ》くことができません。それはあなたが最近、鬱々《うつうつ》としているので生徒にいつの間にか伝染してしまったのでしょう。今はそのような状態なのです。

自分の技術を少しでも磨き、徳を積み、雲の間から太陽の光が差すまで待つしかないのです。

★お見合いの話がきたら、今回は見送ったほうが良さそうです。

★失くした物は、すぐには出てこないでしょう。気長に待つことです。

★目や心臓、神経系の病気に注意が必要です。気にいらないことがあったときには、すぐに頭に血がのぼってしまわないように気をつけましょう。

雨が降りそうな鬱陶《うっとう》しいとき

10 天沢履《てんたくり》

易経には「**虎《とら》の尾《お》を履《ふ》む。人を咥《くら》わず。亨《とお》る**」とあります。凶暴な虎の尻尾《しっぽ》を、あなたはうっかり踏んでしまいました。しかし、その虎はあなたを見ても襲いかかることはなく、そこを通ることができたのです。**つまり、どんなに強い相手でも、礼節をしっかりわきまえれば、何事も恐れることはありません。**

ここで気をつけたいのは、あなた自身に危険が差し迫っているということです。この難をどのように回避《かいひ》したら良いかは、あなたが決める前に、信頼のおける人に一度、相談してみましょう。もし、あなたが自分自身の判断で行動を起こせば、必ずや失敗して、虎に食べられてしまうことになるでしょう。

仕事の場合には、目の前にある困難という大きな山が聳《そび》え立っているようです。もしかしたら過去に難事を乗り越えた事例があるかもしれませんので、上司に相談してみましょう。

★恋愛も結婚も良縁とは言えません。

★目や心臓、肺の病気には注意が必要です。しっかり治療しなければならないでしょう。

11　地天泰《ちてんたい》

海に浮かぶ帆船《はんせん》が、風を受けて海上を滑《すべ》るように気持ちよく走っていく、そんな素晴らしい運気です。まさに順風満帆《じゅんぷうまんぱん》。すべてが調和した盛運です。

今まで自信がなかった人は、自分を信じて進んでください。仕事も順調です。お付き合いをしようか悩んでいる人がいたら、思い切って一歩進むときです。結婚を考えている場合は、お相手との相性が良く、上手くいくでしょう。すでに結婚している人は、お互いに細やかな気配りを持つことができ、愛情が深まります。しかし、物事が上手く進むということは、問題がまったくないということではありません。**好事魔《こうじま》多し**。もし、困ったことが生じても、今は的確な対処ができるときです。慎重さを失ってはいけません。問題を克服できたとき、この上ない充実感が得られるのです。

★交渉事は、相手が優柔不断な態度をとってくるかもしれません。よく考えてから返事

をしましょう。

★今は順風ですが、やがてすきま風が吹いてきます。安請け合いは禁物です。

★有頂天にならず、まわりの人に十分な配慮をしましょう。

★消化器系の疾患《しっかん》に気をつけましょう。

12 ䷋ 天《てん》地《ち》否《ひ》

「否《ひ》」は否定です。11の地《ち》天《てん》泰《たい》とは真逆です。**あなたの運気は今、八方塞《はっぽうふさ》がりです。何をしても上手くいきません。**気持ちが落ち込みイライラが募《つの》ります。仕事上では、信用を失ったり、仕事に恵まれなかったりと不運が続きます。まわりを見渡してもあなたに味方をしてくれる人は見当たりません。

まさにツキに見放されている状態です。こんなときは、つい愚痴ったりしてしまいそうですが、まわりの人に「ツイてない」とは、言わないでください。不運の連鎖が起こってしまいます。無理して動けば動くほど悪影響を及ぼします。遊びの誘いが来たら、出向かないほうが得策です。嵐が通り過ぎるのをじっと待つときです。

実際に行動を起こさなくても、心の中の行動は起こしてください。つまり、優れた先人の知恵を習得するための読書をしたり、家で映画をたくさん観たり、心の栄養をたっぷり摂《と》るときです。自宅の中での怪我にも気をつけましょう。

★口の上手い人からの誘いにはのらないこと。

★商売が不振なときは、潔《いさぎよ》く撤退することも視野に入れてみましょう。

★循環器《じゅんかんき》系の疾患に気をつけましょう。

13 ䷌ 天《てん》火《か》同人《どうじん》

キーワードは「公明正大《こうめいせいだい》」。隠し事はせず、多くの人と協力して物事を進めれば成功を収《おさ》めます。単独行動ではなく、チームワークがあってこそ成果を上げることができます。

例えば、野球やサッカーやバレーボールなど、団体競技での試合に出場する日の朝にこの卦が出たとします。チーム一丸となって戦えば、その日の試合には勝てるでしょう。他人と一緒に公の場に出てこそ、力が存分に発揮される卦ですので、家族や親戚などの近親者と一緒に何かを実行しても、上手くいかないことが多いようです。血縁関係でない人と一緒に公の場に出ることが、成功の鍵《かぎ》となります。

たくさんの人と力を合わせて何かをしたとき、「私だけに利益が入ってくる仕組みでいこう」と思った瞬間、凶《きょう》に転じます。みんなで分配して全員が潤《うるお》うようにしなければ幸運はやってきません。また、同じ目的に向かって進もうとしている中の一人が抜け駆けをしたり、意見が違う場合には、その人はグループから外れたほうがいいのです。常に同じ目標をもって、心と行動を合わせれば成功するでしょう。

大勢で何かをするといっても、まわりの人に頼ってばかりというのは良くありません。自分はもちろん、メンバーのひとりひとりが輝いてこそ、チーム全体が活気づくのです。

男性が、今お付き合いしている女性と数か月以内に結婚できるかどうかの易を立てたとき、この卦が出たら……お相手の女性はとてもモテる人。家にじっとしているタイプではなさそうです。その女性は人と会うことでますます輝きを放つので、もし、結婚したらご主人は、ずっとヤキモチを焼いてるかもしれません。

お見合いしても話はまとまりにくいでしょう。

★心に余裕がなく自分のことで精一杯だとしても、あなたはもう少し頑張って、まわりの人の面倒をみてあげましょう。

★自分が間違っていることに気づかないときがありますので、まわりの人に意見を聞いてみましょう。

★競争相手が出てくる可能性があります。

★目の病気や伝染病に気をつけましょう。

14

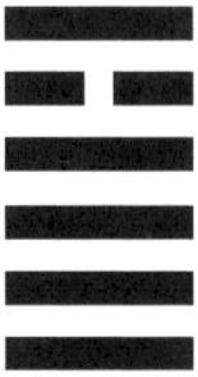

火天大有《かてんたいゆう》

何をやっても上手くいくときです。あなたは目の前にある幸運を今すぐ掴んでください。思っていることがかなうときです。計画していたことは実行しましょう。動けば協力してくれ人が現れるはずです。仕事上もあなたの実力が発揮され信頼を得て、上司からも認められるでしょう。卦を見ると、陰▪▪が一つだけです。これは男性に守られている女性を表しています。輝きと強さを持つ女性……リーダー格や、女性の社長の場合、女性らしいきめ細かい対応力で人気が出ます。もちろん男性でも柔軟さと繊細《せんさい》さをお持ちの方はいると思います。嫋《たお》やかで優美な雰囲気で人に接すると良いのです。

しかし、調子が良かったり儲かっている人をみて、妬《ねた》んだり恨んだりする人がいるということを忘れないでください。絶好調のときこそ、人と話すときは控えめに。調子にのって自慢するのはもってのほかです。

金銭面で悩んでいるときに、この卦が出たら「そんな調子が良いはずはない」と、思うかもしれません。そのマイナス思考は少しの間、やめてください。〝**貧すれば鈍する**〟です。あなたの否定的な考えが今の良くない状況を引き寄せているかもしれません。どこかで打開策を見出してください。そして、すべてのことに対して、愛を持って接してみてください。

★肺や高熱の出る病気には気をつけましょう。

15 ䷎ 地山謙《ちざんけん》

☀ ☁

あなたは社員数千人の大会社に勤務され、社員の誰よりも成績を上げて社長賞を受賞したとします。もし授賞式があり大勢の前で話すとき、あなたは次のうちどれを選びますか？

①「私の実力です」……事実、そう思っていてもなかなか言えないものです。

②「賞を戴《いただ》けたのは上司や皆さんの助けがあったからこそです」と言って、後ろに振り向いた途端《とたん》、ベーッと舌を出す。

③心の底から感謝して「皆さんのご尽力があったからこそです」

この卦は3の「謙虚」であることが大切だと言っています。謙遜も必要です。へりくだりすぎる必要はありませんが、礼節を持って人と接してください。

卦を見ると、陰▪▪の中に、一つだけ陽▬があります。多くの女性の中に男性が一人だけという意味になります。男性なら女性関係には十分気をつけてください。

★交渉事は積極的にせず現状維持で。

★男性にとって女性は躓《つまず》きのもと。そのくらいの気概が必要です。

★見栄を張らないこと。

★腎臓、消化器、性病に気をつけましょう。

16

雷地予《らいちよ》

春に轟《とどろ》く雷《かみなり》を想像してください。今まで土の中で眠っていた草木が春の訪れに気づくときです。あなたはすぐに行動を起こすことで成功を掴《つか》むことができる卦です。失敗を恐れてはいけません。

私のところに、妙齢《みょうれい》の俳優が相談に来ました。先日、受けたドラマのオーデションに合格するかどうかという質問でしたので、易を立てたところ、この「雷地予《らいちよ》」が出ました。**頑張ってきた人は、今までの苦労が報《むく》われるときです。この運気に乗って調子よく進んだその先には喜びがあります。そのためにはさらに修業を積むと良いでしょう。**後日、その方から、オーデションに受かったと連絡を頂きました。しかしここで手を緩《ゆる》めてはいけません。少しの油断が取り返しのつかないことになる恐れもあります。

また、輸入業をしている人から相談を受けたとき、この卦が出ました。新しい品物を日本に輸入したら売れるかどうかという質問でした。輸入して販売した結果、その商品は大ヒット。日本のみならず中国にも販売ルートを広げたほどです。しかし予期せぬことが起こったのです。税務署から目をつけられ、追徴課税があったそうです。気の緩《ゆる》みには十二分気をつけてください。

17

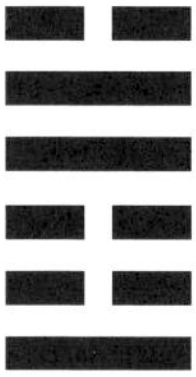

沢雷随《たくらいずい》

この卦が出たときは、まわりの誰かの後ろについていったほうがいいでしょう。「随《ずい》」は、「他人の後ろにそのままついていく」という意味です。先導する人は、尊敬できる師匠や企業内なら上司や社長を指します。自分が前に出ていくことは差し控えたほうが良いのです。人に従うことや、時や状況を見極めてそれにのることが必要なときです。

何も考えずにただ人や状況についていくだけでは、なんの前進もありません。自分に願望があればそのまま強い意志を持ち続け、チャンスが到来したときに、実行すれば良いのです。今は、そのときではありません。目標に向かってやっていることを、一度、客観視してださい。そうすることにより、新しい発見があるかもしれません。

運気がやや下降しているときです。強引にやったところで、上手くはいかないでしょう。

誰かに話しをして聞いてもらうのも良いでしょう。

40代の男性が、今お付き合いしている20代の女性と結婚したいとのことですが、なかなかいい返事がもらえず困って私のところへ相談に来ました。「自分の意見を無理に彼女に押しつけていませんか？」と尋《たず》ねると、どうやら思い当たることが多々あったようです。若い女性を自分に服従させたいと思っているときに出やすい卦です。女性を従わせるだけでは、愛を育むのは難しいのです。束縛《そくばく》せず柔軟な考えを持ちましょう。

18 ䷑ 山風《さんぷう》蠱《こ》

「蠱《こ》」は、「まじないに使う虫。人を害する呪いや毒薬」という意味があるようです。昔、中国ではその虫を呪術《じゅじゅつ》に使っていたようですが、易では「虫がつく」ことを言います。文字を見ると、皿の上に虫が3匹乗っています。虫がつけば細菌が増え、やがては腐敗してウジが湧きます。**何《いず》れにしても、直面していることが普通ではなく複雑で大変な状況下に立たされていることになります。**

腐敗は内側から進みます。今、目の前にある問題は、内部からの腐敗が原因です。腐ったものは食べないのと同様、捨てるしかないのです。一刻も早く、その原因を探り、断ち切るべきです。

また、「**臭い物に蓋《ふた》をする**」という諺《ことわざ》があります。例えば、会社の上層部では内部紛争が起こっているにもかかわらず、社員には一切、知らされていないことがあります。そのような場合にこの卦が出ます。

そのほか、人の心をあやしい魅力で惑わす「**蠱惑《こわく》**」という言葉があります。あなたは惑わされないように注意が必要です。

腐ったものは早く捨て、新しいものに交換しなければならないのです。一刻も早く、新しい風を取り入れるときなのです。

19

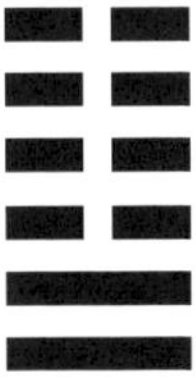

地沢臨《ちたくりん》

空に輝く無数の星。手を伸ばせば届きそうなほど近くに感じたことはありませんか？

そのくらい、幸運はすぐそこまで来ているのです。その運を掴むためには、まわりの空気を読み、状況を把握しなければなりません。例えば、今日が運転免許を取るための最終試験日だったとします。今日の試験が通れば、晴れて免許が取得できます。しかも、すでに車は購入済み。しかし、その日に限って家を出る前に急にお腹が痛くなり、さらに外は大雨。コンデションは最悪です。結局、試験に落ちてしまいました。そのようにならないためにも、日頃からの体調管理と天気予報くらいは見ていたいものです。

状況や季節は移り変わります。もしかしたらあなたの気持ちも変わっていきそうです。恋愛は、勢いで付き合った人がいたならば、すぐに別れたほうが良さそうです。あなたの気が多いせいかもしれません。結婚も成就は難しいでしょう。仕事上では、仕事の量が増えそうです。注意深く、かつ、積極的な行動を心掛け、もうすぐ来る幸運を掴んでください。

★思わぬことがあっても怒ってはいけません。臨機応変な対応が幸運を呼びます。
★マイナスの感情を持つときではありません。前向きに。
★足の怪我には気をつけましょう。

20

風《ふう》地《ち》観《かん》

枯葉が舞う寒い風があなたの横を通り抜けていきます。物悲しさを感じ、気持ちもやや下向きです。目の前に見えるのは、足元にある落ち葉。物事を近くでしか見られないことが多くなります。**この卦が出たときには、できる限りまわりを見渡すように心掛けてみましょう。今まで見落としていたものが見えてくるはずです。**

内なるものは大いに発展しそうです。例えば、研究をすれば成果が上がり、勉強も効率よく進むときです。精神面にも磨きがかかるときですので、美術館へ足を運んだり、哲学書を読むのも良さそうです。

もしあなたが会社組織の中にいて、部長などの役職に就《つ》いているなら、社員のことを見て、仕事がきちんと進んでいるかを部下に任せきりではなく自分の目でチェックをしたほうが良さそうです。違うようであれば、きちんとした方向に導きましょう。

★偏見を持たず、素直な目と心を持ち、まわりを見渡しましょう。

★結婚は見送ったほうが良さそうです。

★おせっかいは禁物です。余計なことを言わないようにしましょう。
★盗難には注意しましょう。バッグの紛失や、家の鍵《かぎ》のかけ忘れにも注意。

21

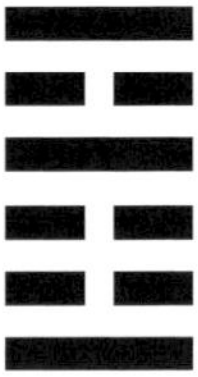

火雷噬嗑《からいぜいこう》

口の中には硬い食べ物が入っていて、それを一生懸命に噛《か》み砕《くだ》かなければなりません。

噬嗑《ぜいこう》は噛み砕くという意味です。今、あなたの前には障害が立ちはだかっています。それをなんとか取り除くために、手を替え品を替え積極的に行動し、乗り越えなければならないのです。**噛み砕くには、気力と体力が必要です。精神的にも強くなければなりません。力強く前向きに進み、難局を乗り切ったとき、あなたは成功を収められるのです。**

噛み砕くという行為は、食べ物につながっているので、食で困ることはなさそうです。これは商売につながる卦と言われていますので、これが出たら事業が上手くいくと言っても良いでしょう。

夫婦の問題でこの卦が出たら、喧嘩が絶《た》えないようです。口が災いして大ゲンカになりそうです。しかし夫婦喧嘩は犬も食わないという諺《ことわざ》があるように、時間の経過とともに夫婦仲はいとも容易《たやす》く修復することでしょう。

恋愛は要注意です。お相手が浮気をしているかもしれませんので、気をつけましょう。

★交渉事は粘り強く進めましょう。

★何事も根気よく続けることが肝心です。

★口の中や歯、目や心臓疾患には注意が必要です。

22

山《さん》火《か》賁《ひ》

山の端《は》に夕日が沈むとき、あたり一面がオレンジ色に輝くと、息をのむ美しさが広がります。観る人の心をハッとさせるほどの感動を呼ぶ瞬間です。しかしそれは短い時間の出来事で長続きはしません。**つまり、最期の美しさを表しているのです。一つの時代が終わりに差し掛かっています。「賁《ひ》」は、装飾という意味があるので、芸術面などにはとても良いとされています。**ある学生が私のところへ来ました。一生懸命頑張ってアルバイトで貯めたお金で絵の勉強をして、自分の描いた絵をコンクールに出したとの話。「私の絵は入賞するでしょうか」とのこと。易を立てたところ、この卦が出ました。その数日後、嬉しい知らせがあり、賞状が届いたとの連絡をもらいました。

いくら着飾ったとしても、内面が伴《ともな》わなければ心の安定にはつながりません。女性なら両極端な趣味を持つといいでしょう。例えば、流行の派手なファッションを身に着けたりしていても、特技が書道や華道だったり、日本舞踊や三味線が弾けるなど。古風なことができるとさらに良し。

★目先のことなら、上手くいくことがあります。質素にして吉。
★夢を持って、常に前進しましょう。
★タバコなどでの失火には気をつけましょう。

23

山地剥《さんちはく》

文字を見て良くない卦であることがわかると思います。山の地面がどんどん剥がれていく様子を表しています。**崖崩れに遭い、まったく動けない様子です。さらに、身ぐるみ剥がされてしまいそうです。弱り目に祟《たた》り目です。**

こんなときは勉強をしても集中できず成果が出ません。仕事も協力してくれる人が現《あらわ》れず資金繰りも上手くいきそうにありません。ダイエットをしている人なら停滞している状態です。こんなときは嵐が過ぎ去るのを待つしかないのです。下手に動けば失敗します。できる限り外出は控えてください。足元に気をつけましょう。

心の中は不安でいっぱいになると思いますが、嵐が過ぎれば不安がなくなることを思い描いてください。悪いときがあれば、良いときもやってくるのです。

★交渉事は成立しません。身を引きましょう。

★趣味に熱をあげると散財しそうです。

★仕事や友人関係の中に裏切り者がいるかもしれません。目を光らせましょう。

★打撲、消化器系にはとくに注意が必要なときです。

24

地雷復《ちらいふく》

季節で言えば、春の到来です。今まで眠っていた草木が芽を出し始めます。**動かなかったものが動き始めるのです。これからスタートしようと思っている計画は、今すぐに実行してください。そして正しい心を持ち、真っ直ぐに突き進みましょう。**暖かな太陽の光と、そして土に蓄えられている水と栄養が、あなたの芽をどんどん成長させてくれるでしょう。目先のことに惑わされてはいけません。将来の設計をしっかり立てた上で行動を起こしてください。そうでないと足元をすくわれます。また、「今、こんなに状況が良くないのに積極的に行動なんかできない」と、思っている人は、その意識を変えたほうが良さそうです。せっかくの好機を逃すことになります。目標に向かって少しずつ、できることからやれば良いのです。

★恋愛や結婚……復縁するには良いときです。初婚は良くありません。

★易経には、「七日《しちじつ》にして来復《らいふく》す」とあります。失くしたものは返ってくるようです。

★交渉事はまとまりにくいでしょう。身近な人に相談してみましょう。

25

天雷无妄《てんらいむぼう》

この卦の意味は、まさに「自然体」。取り繕《つくろ》ったり、虚栄《きょえい》を張ったりなどは通用しません。**無邪気な心のままに行動すると、成功につながるという卦です。**子供の無邪気さには、打算がないということです。物事がある方向に進もうとする傾向、つまり、成り行きに任せたほうがいいのです。気に入らないからと、無理に自分に有利なほうに持って行こうとしても上手くいかないようです。「♪時の過ぎゆくままに、この身をまかせ～」という歌がありますが、まさにそのときに合わせて行くのが良いのです。

この卦が出たなら、結婚も成り行き任せでいいのです。結婚が決まったときには、自然にトントン拍子にいくでしょう。すぐに決まらなくても大丈夫。焦らず過ごしましょう。

★自分が思っていたほうには進まないことがありますが、自然に任せましょう。

★何事も、積極的な行動は控えましょう。

★飾らず、気取らず、ありのままで過ごしましょう。

★心臓や肝臓の病気には気をつけましょう。

26 ䷙ 山天大畜《さんてんたいちく》 ☀

「天高く馬肥《こ》ゆる秋」――山天大畜《さんてんたいちく》は、農作物の収穫が終わり、それが大いに蓄《たくわ》えられているという意味があります。今まで大切に育ててきたものが、実となり、それがたくさん集められて出荷の時期を今か今かと待っているのです。倉庫には、収穫した物が留まっています。物事を実行に移す前に大きな力を蓄えておけば、素晴らしい威力のあるパンチが打てるのです。

タイミングを見計らってください。今はまだ出撃するときではありません。もう間もなくそのときがやってきます。豊かな気持ちは余裕にもつながります。落ち着いて照準を定めれば的に当たることは間違いないのです。

恋愛と結婚での易を立てたなら、この縁は上手くいくでしょう。お互いに余裕があり、相手を思いやることができるはずです。

★焦りは禁物です。間もなく到来するチャンスを待ちましょう。

★目の前に出てきたことは、真剣に取り組むこと。

★眼や腸の疾患に注意しましょう

27

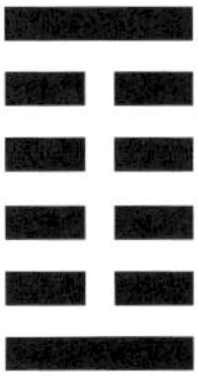

山雷《さんらい》頤《い》

〝頤《い》〟は、アゴのことを指し、この卦は身体を養《やしな》うことを表しています。良い食事を規則正しく摂《と》れば健康でいられることが多いのです。この卦の意味の一つには、健康に気をつけたほうが良いということです。また、食べるだけではなく、口、つまり人と話すことにより知識も得ることができます。しかし、良いことばかりではありません。失言、妄言など不用意な言葉を発すると、不運を招いてしまいます。

さらに身体だけではなく心にも栄養が必要です。気力を養い、勇気をもって物事に臨《のぞ》みましょう。良い方向に進んでいますので、道を外《はず》さないようにしてください。

就職には良い卦です。上に立つ人は、お弟子さんや、まわりの人を養う＝正しい方向に導いて教えたり、育てたりすると良いでしょう。

★物事を成功に導くためには、息がピッタリ合った人を厳選しなければなりません。

★歯や胃腸などには気をつけましょう。

28

沢風大過《たくふうたいか》

あなたは今、重い荷物をたくさん背負わされています。背だけでは足りず、頭の上にも足にも括《くく》りつけられている状態です。荷物を全部降ろして逃げ出すのはとても簡単ですが、そんなことをしたら今よりもさらに苦難が待っているのです。故《ゆえ》に、この危機から脱出しなければなりません。金銭的にも辛い時期と言えます。

たとえ重い荷物を持っていても、もしあなたがそれを「重い」と思わないようにするだけで、気持ちを１８０度変化させることができるのです。あなたにはそれを乗り越える力があると意識を変えてみてください。道は開けるでしょう。

恋愛について言えば、今、お付き合いをしている人とは、良くも悪くも離れがたいと言っていいでしょう。不倫をしている人は、なかなか別れられないようです。あなたが女性で、若い年下の男性に夢中になっているとしたら、それを見ているまわりの人が〝痛い女性"だと思っているようです。

★気がかりなことが多いときです。人には優しい気持ちを持って接しましょう。

★過去の自分を懐《なつか》しむより、今の自分を見つめましょう。

★働き過ぎには気をつけ、身体をいたわりましょう。

29

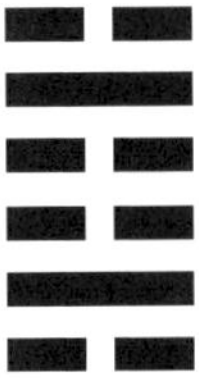

坎《かん》為《い》水《すい》

暗黒の世界です。あなたの下には黒い渦潮《うずしお》のような流れが見えます。蛇がトグロを巻いているようです。落ちたらその渦の中へ引きずり込まれ、あなたはその中から一生、浮き上がることができないようです。**坎《かん》為《い》水《すい》は、易経の中の「四大難卦《よんだいなんけ》」の一つです。目の前は真っ暗で、やることと為すことすべて悪い方へ引っ張られてしまいます。**そんな状況下の中、あなたに声を掛けてくる人は、あなたを利用しようとしています。また、今まで仲良くしていた友人からはなぜか急に声が掛からなくなり、もし忘れた頃に連絡があったとしても、決して良い話ではなさそうです。

あなたが女性なら、お付き合いをしている人やご主人は、ギャンブルや浮気をしている可能性がありそうです。あなたが男性なら浮気の虫が騒いでいるときかもしれません。**八方塞《はっぽうふさ》がりのときです。嵐が過ぎるのを待つしかありません。**

実はこの卦には、一つだけ良いことがあります。「**水魚《すいぎょ》の交わり**」という諺《ことわざ》がありますが、それを逆説的に捉《とら》え、一切、人との関わりを持つことなく、自分一人で黙々と極める研究者肌の人には、良い卦となるでしょう。

★意志を強く持ち、黒い水に流されないようにしてください。

★詐欺や盗難に注意。

30

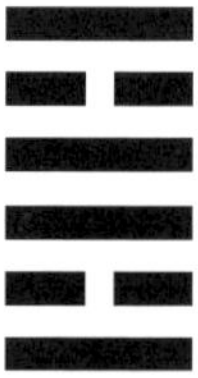

離為火《りいか》

火が二つ並んでいる卦です。メラメラと音を立てて炎が燃えあがっています。一つの炎が消えても、またすぐにもう一つの炎が現れるのです。**仕事は勢いを増し、上手く回るときです。今までコツコツと地道に積み上げてきたものは日の目を見るでしょう。火を上手**

く活用すれば、あなたは輝くことができるのです。

火にはもう一つの顔があります。「火がつく」という言葉がありますが、ケンカや事件などが起きやすいときです。何気ない言葉が相手を怒らせたりすることがありますので、気をつけたほうが良さそうです。火力が強いので、火に油をそそがないようにしましょう。男女関係ではいざこざが絶えず、イライラが募るでしょう。

火は、まわりの状況や環境によって勢いを増したかと思えば、少し収まったりもします。感情の起伏が激しくなることがあるので気をつけましょう。

★相手を憎んだり、恨んだりしないこと。
★自分の考えや思想を何があっても変えないこと。
★パートナーがいる人は、目移りしそうな時期です。
★心臓や目、高熱に注意しましょう。

31

沢山咸《たくざんかん》

これは恋愛の卦です。今、彼氏や彼女がいる人なら、あなたの気持ちや感情が驚くほど真っ直ぐに伝わります。いつも言葉で伝えていない人は、愛情表現を声に出して相手に言ってみてください。**「咸《かん》」という文字は「感」と同じです。**感性、感覚、感情などを表わします。感覚が鋭《するど》くなっているときです。相手も素直に受け入れてくれるでしょう。結婚前の人なら、婚約を急いだほうが良さそうです。話がトントン拍子に進むときです。結婚している人は、さらに夫婦仲良く、安心して充実した日々を過ごせるでしょう。

感情が伝わるだけに、思っていないことや嘘もそのまま伝わってしまいます。好きでもないのに、無理に好きだと伝えたり、騙《だま》そうと思っている場合には、相手にすぐにわかってしまいます。また、不倫の場合には、上手くいかないでしょう。あくまでも誠実な感情だけが、幸運を呼び寄せます。

感情が敏感《びんかん》なゆえ、大きな喜びも感じ、それと同時に大きな苦しみや悲しみも感じやすい時です。苦難を乗り越えてこそ、信頼と深い愛情に溢《あふ》れた関係が築《きず》けるのです。

★誰かの意見に惑《まど》わされないように。口車に乗り不運を掴まされないようにしましょう。

★自分の直感を信じて良いときです。すぐに行動しましょう。

32

雷風恒《らいふうこう》

自分の信念を貫き通せば、いつかは成功するという卦です。「恒《こう》」は、恒常、恒久という言葉があるように、変わらないことをいいます。あなたが変わらぬ正しい心を持って目標に向かって続ければ、実現するという卦です。

毎日、同じことを続けていると、どんなことでも飽きたり嫌になることがあると思います。例えば、夫婦になって数十年が経つと、ドキドキ感が薄れ、幸せだけど何の変化もなく「これでいいのかしら」と、思っている人もいると思います。奥様は不平不満がたまり、ご主人は浮気の虫が騒ぐかもしれません。気持ちの擦《す》れ違いが生じる恐れがあっても、「恒常」を保てば上手くいきます。ここで、男性は浮気に走ると家庭崩壊です。そうならないためにも、気分転換に趣味に打ち込むのも良いでしょう。横道に逸《そ》れると痛い目に遭うでしょう。仕事は拡張の時期ではありません。現状維持が得策です。

★迷わず自分の道を進みましょう。

★イライラせず、できるだけ穏やかな気持ちでいましょう。

★お見合いは上手くいくでしょう。良縁です。

★精神疾患に注意しましょう。

33 ䷠ 天山遯《てんざんとん》

今は攻撃するときではありません。一度身を引いてください。今、手掛けていることを中断することで、さらにその先があるのです。目標達成を目前にして急に止《と》めるなど難しい場合もあると思いますが、ここで先に進むと結果的に良くない着地点になる卦です。例えば、深雪《しんせつ》に覆われた冬山の登頂を目指す登山隊を想像してみてください。山の頂上まであと数百メールに迫ったとき、そこに「今は晴れているけど、あと4時間後には猛吹雪になる」という情報が入ったとします。予想では、1時間あれば登頂できる行程です。

しかし隊長は、「登頂は止めて、すぐ下山しよう」と、苦渋の決断。麓《ふもと》にたどり着いたまさにそのとき、地響きが聞こえ雪崩《なだれ》が起きたのです。隊長の決断で登山隊全員の命が助かりました。このように、目的は目の前にあるのですが、今は我慢して先に進まないほうが良いときなのです。一歩引いて退いたあと、数か月後、チャンスが巡ってきます。焦らず、迷わず、冷静に。

★あなたが決めたことは、正しいことだと信じましょう。
★恋愛も結婚も話がまとまりません。見送りましょう。
★行方不明の人は、当分、帰ってこないでしょう。

34

雷天大壮《らいてんたいそう》

マラソン大会で、一斉にスタートをきりました。大勢の選手がゴールを目指して走り出します。**「大壮《たいそう》」は、盛んという意味があります。この時期は大きなことが決まるときです。**力強く突き進むことができるので、仕事も趣味も広がっていくでしょう。

35 ䷢ 火《か》地《ち》晋《しん》

マラソンで走っているとき、後方には引き返せません。押し寄せる人の波と同じ方向に進まなければならなくなります。つまり、勢《いきお》い余って躓《つまず》いたり転んだりする可能性が出てきます。仕事では勢いがあり過ぎて立ち止まりたくても立ち止まれないことになりかねません。後方から強い追い風が吹いているときです。自分を過信しないでください。油断禁物。やり過ぎ禁物です。

暴走にも気をつけましょう。スピードを出し過ぎると視野が狭くなり危険です。目だけではなく、心の視野を広く持つことが成功につながります。

★交渉は穏《おだ》やかに進めましょう。一歩下がってみてください。

★恋愛や結婚はまとまりにくいでしょう。男性から強烈なアプローチをされている女性は、勢いに飲まれないようにしましょう。冷静に。

★余計な口出しは控えること。

上昇気流に乗るときが来ました。**「晋《しん》」は、進むという意味です。卦を見ると、下が地で、上に火があります。地平線から昇る朝日は輝き、希望に満ちた日々の幕開けです。これからあなたには、素晴らしいことが待っています。**太陽は高く昇り、すべてを照らします。恩恵を受けたあなたは、周囲の人に優しくしてあげてください。収穫したものの独り占めは止めてください。

もし今、あなたが苦しい立場だとしても、前向きな気持ちを持ち続けることが肝心です。解決に向けて物事が進んでいるときです。決して弱音は吐《は》かないことです。そして消極的な思考はすべて消し去ってください。もし、失敗するのではないかという気持ちが頭の片隅にほんの少しでもあればすぐに払拭《ふっしょく》することです。

頑張ってきた人は、努力が実を結ぶときです。会社勤めの人は昇進の話が舞い込むかもしれません。気持ちが浮ついて足を引っ張られることのないように気をつけてください。

★何事も恐れてはいけません。立ち向かいましょう。

★結婚に良い卦です。困難を乗り越えましょう。

36

地《ち》火《か》明《めい》夷《い》

土の中に太陽が隠れてしまいました。あたりは真っ暗。「夜」の卦です。何をしても上手くいきません。あなたが今まで起こした行動に間違いがあったのかもしれませんので、もう一度、考えてみて修正するところがあれば早急に直してください。事業が上手くいっていない場合は、すぐに縮小するときです。こういうときは、何をやっても上手く回らないので、動かないほうがいいのです。あなたがいくら正しいことを言っても、相手には通用しないどころか、あなたの才能を妬《ねた》む人も出てきそうです。能力があっても、今は隠したほうが得策です。落ち込んでしまいがちですが、負けてはいけません。

灯《あか》りがない中、手探りで物事を進めても上手くいくはずがありません。土から太陽が出てくるのをひたすら待ちましょう。

不倫に嵌《はま》りやすいときです。誘惑にはくれぐれも気をつけましょう。

★火難・盗難には注意。

★危険を感じたら、すぐに手を引きましょう。

★結婚しても、円満とはいかないでしょう。
★イライラしても人のせいにしたり、八つ当たりしないこと。

37

風《ふう》火《か》家《か》人《じん》

易経には「家人は、女《じょ》の貞《てい》に利《よ》ろし』とあります。女性が家をしっかり守っていれば家はきちんと収まるという意味です。家の中の火がよく燃えている＝家庭が円満、家族も仲良しだという卦です。女性のいない家は女性の役割を担《にな》っている人に置きかえて考えます。

真冬、暖かい家に帰宅するとホッとします。冬でなくても、暖かい家族が待つ家に帰ると一気に疲れが飛ぶという人もいます。家族一人ひとりには個性があります。その良い部分を見つけてください。そして家にいる時には、すべてに愛を持って行動してみてください。外を見るより、今は中を見るときです。自分の内面や感情を大切にしてください。

また、悩みがあったら、自分で解決する前に、人生経験を積んだ人に相談してみましょう。自分の意志や考えが確認でき、解決の糸口が見つかるはずです。

★結婚を考えている人は、まとまるでしょう。
★失《な》くした物は、家の中にありそうです。もう一度探してみましょう。
★家庭内でのトラブルは、やがて落ち着くでしょう。
★家業をしている人は繁栄の兆《きざ》しあり。

38 ䷥ 火沢睽《かたくけい》 ☂

「睽《けい》」は、そむく、相反する、相手を受け入れられない状態を表しています。上卦は火、下卦は沢、つまり火と水は交わることがありません。直面している問題がある場合、お互いが背いている状況です。しかし、日常生活においては、火も水も両方とも必要なものです。どちらか一方がなくてもいいという訳にはいかないのです。この卦は、二人の女性が反目し合っています。交友、職場、親戚関係の女性同士の和解は、今すぐには難しそうです。もし、両者が拮抗《きっこう》している場合には、いつかはどちらかが折れて問題が解決する可能性があります。ただ、今は逃げてもあきらめてもいけません。

易経に「**睽《けい》。小事《しょうじ》は吉なり**」と書かれています。とてつもない大問題でなければ、今は仲が悪くてもいずれは反目することがなくなるでしょう。

男女の場合には、まわりからは不釣り合いなカップルに見えても、当人同士は結構仲良しだったりします。

★相手の口車に乗らないように気をつけましょう。自分の思っていない方向に進み、あとで後悔することになります。

★今は物事が塞《ふさ》がっている状態ですが、あとには風通しが良くなるでしょう。

39

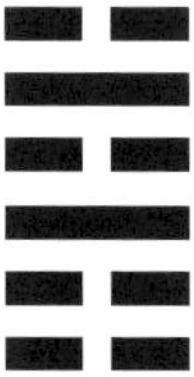

水山蹇《すいざんけん》

この卦《け》は、坎為水《かんいすい》・沢水困《たくすいこん》と並んで三大難卦《さんだいなんけ》の一つと言われています。前を見れば氷のように冷たい川の水が流れ、後ろを見れば険しい山に立ち塞がれて前にも後ろにも一歩も進むことができない、いわば立ち往生している状態です。その困難は内面ではなく外部にあるようです（「蹇《けん》」は足を意味します。故に、内部ではなく外部を表しています）。今は思い通りにいかないことが多々ありますが我慢のときです。気持ちが暗くなりますが、できる限りマイナス思考を持たずに今は歯を食いしばり、運気が上がるのを待ちましょう。一人で思い悩むより、経験豊かな頼れる人に相談してみるのもいいでしょう。

この卦の特徴として、あなたは周囲の誰かに頼られることがあるかもしれません。しかし、その人に尽くしても報《むく》われず、力になれないようです。ただし、報われないからといって、おざなりにしてはいけません。冷たい水の川は、季節が廻《まわ》ってくれば温かくなります。易経には「**蹇《けん》は、西南に利《り》あり、東北に利《り》あらず。大人《たいじん》を見るに利《り》あり。貞《てい》なれば吉なり**」とあります。真心を持って人に接し、賢く立ち回れば良い運気がやがて巡ってくるのです。直面している難しい物事を打破するのはもう少し先になりますが、今すぐにあきらめてはいけません。

★身を捨ててこそ浮かぶ瀬もあれ。

40

雷水解《らいすいかい》

解放の「解《かい》」。つまり、今まで滞っていたことが氷解するときがついに来ました。寒さで固まっていたものが解き放たれ、春の訪れとともにさまざまな物が動き出すときです。この卦が出たときは、早急に物事を遂行《すいこう》してください。ゆったり構えている場合ではありません。目の前のチャンスは、すぐ掴むこと。今まで何らかの障害があって結婚に至らなかったカップルも、雪解けとともに人の心も溶かされ結婚に至るでしょう。

気をつけなければいけない点もあります。解けるということは、気の緩みが生じるときです。手綱《たづな》が緩《ゆる》んでしまうことから、婚約していたカップルは解消になったり、決まっていた仕事が延期になったりなど、凶の要素も含まれています。これを逆手にとって、腐れ縁は今すぐ絶《た》ちましょう。バッサリ断ち捨てることにより、運気は好転します。

南西方面にチャンスがあります。探し物が見つからないときは、自宅から見て南西方向に住んでいる人に聞いたり、南西に行って探してみるといいでしょう。

★背伸びをするとひどい目に遭いそうです。身の丈にあった行動を。

★休息は今後の力になります。心の栄養も摂りましょう。

★ノドの病気に気をつけましょう。

41 山沢損《さんたくそん》

「**損して得とれ**」という言葉があるように、損をしてもあとで自分に返ってくるとわかっている損ならやっても良いと思う人が多いはずです。しかし、いくらあとで戻ると言っても、損をすることは、自分にとって一時はマイナスになります。**水に例えると、減りっぱなしでは、水嵩《みずかさ》がなくなり枯渇《こかつ》した状況に陥《おちい》ります**。反対に増え続けた場合には、水が溢れてしまいます。減ったあとは増える。増えたら減る。この繰り返しが陰陽《いんよう》のバランスをとることになります。

また、お金の出し入れが重なってしまう卦でもあります。この卦が出たら、損をすると思うのではなく、無償の愛、つまり人に「与えること」だと気持ちを切り替えてみてください。奉仕の気持ち……人が見ていないところでゴミを拾ったり、掃除をしたりしてみてください。謙虚という言葉を忘れずに。

★**結婚は最高です**。**夫婦仲睦《なかむつ》まじくいられるでしょう**。

★**行動するときはグループではなく、極力、単独で動きましょう**。

★欲張ると、後々《のちのち》損害が大きくなりそうです。
★病気は快方に向かうでしょう。

42

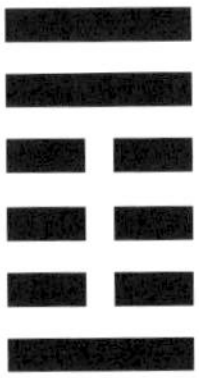

風雷益《ふうらいえき》

利《り》「益《えき》」が上がるときです。仕事をしている人は今までよりも多忙になり、周囲からその実力が認められ、昇進の可能性があります。日常生活でも人との交流や活動が益々盛んになり、物事が波に乗り新たな展開へ発展しそうです。

しかし、益《えき》という字は、皿に物が溢れているという意味もあります。利益が出て嬉しい反面、利益が出たことで、支出も多くなるという暗示の卦です。多く儲けがあってもそう長くは続かないでしょう。その原因は、他人からの妬みや恨み嫉《そね》み、敵意を持つ人が足を引っ張る危険性があるからです。故に、儲かった分は私利私欲のためではなく、できる限り周囲や社会のために使ってください。欲を出すとマイナスになります。物質的な富ではなく、心の富を増やしていくことで運気がアップするでしょう。

★就職先が決まらないとき、この卦が出たら、もうすぐ嬉しい知らせが届くでしょう。
★結婚は良縁です。親戚・友人の多くが祝福してくれるでしょう。
★間違った方向に進んだと思ったら、軌道修正はできる限り迅速《じんそく》に。
★ストレスをためないようにしましょう。病は気から。旅行などで気分転換を。
★迷ったときは、目上の人に助言をもらおう。

43

沢天夬《たくてんかい》

あなたに決断のときが迫っています。今、決めなければ次に進めないのです。口さがない周囲の人がいて、その人達に対して上手く纏《まと》めようとか、カッコよく片づけようなどと思いをめぐらせることがあるかもしれませんが、まわりが騒がしいときは、いくら平静さを装《よそお》っても良い判断は難しいものです。慌てず騒がず冷静になってから、決断を下すようにしましょう。考え過ぎて面倒になり、自暴自棄になってはいけません。

その判断をすることにより、周囲からの風当たりが強くなったとしても、冷静に考えた結果であるならば、否定的な考えは持つべきではないでしょう。ここでしてはいけないのは、相手を力尽《ちからづ》くで承知させたりすることです。戦ってはいけません。

仕事上で問題が起きた場合、ひどいときには裁判沙汰にまで発展したり、恋愛では女性だけが男性に夢中で、客観的にみると痛々しかったり、バランスがとれていない状態です。心をできるだけ落ち着かせて過ごしてください。

★直感で行動を起こして良いときです。しかし、新しい行動や事業拡大は、今は辞めたほうが無難でしょう。

★口論が起きやすいときです。言葉には気をつけましょう。

44

天風姤《てんぷうこう》

⚊は陽で男性を表し、⚋は陰で女性を表します。この卦は一番下に一人の女性がいて、その上に5人の男性が集まっている状態を表します。あなたが女性でこの卦が出た場合、トップに立った商売が繁盛するときです。例えば、エステティックサロンをはじめ、化粧

品や高級アクセサリー販売、水商売も上手くいくでしょう。**この卦が出た折り、女性は多くの男性からその魅力を認められますが、恋愛や夫婦関係は上手くいかないときのようです。**喧嘩《けんか》が絶えず離婚問題にまで発展しそうです。

もしあなたが男性の場合には、ただなんとなくぼんやり楽しく毎日を過ごす日々ではないでしょうか。その中で突然、災難や盗難に遭う可能性がありますので、気をつけましょう。「**姤**《こう》」は偶然、思いがけないことに遭うという意味です。備えあれば憂いなし。何が起こってもすぐに対処できるよう日頃からの心掛けが大切です。

★予期しない出来事に遭うことがあります。とくに異性関係には注意が必要です。

★目標を持っている人は、今は停滞の時期です。すぐにはかないにくいでしょう。

★あなたが女性なら、最高の相手に巡り合う確率は高く、あなたが男性なら、この時期出会う女性には警戒が必要です。

45

沢《たく》地《ち》萃《すい》

「類は友を呼ぶ」――気の合う者同士が自然に惹《ひ》かれ合い、集まって仲間を作ること――

この卦は自分のまわりに似ている人が集まってくることを言います。同じ趣味や考えを持つ仲間といれば楽しいのは当たり前です。あなたに魅力があるからこそ集まって来るのです。まわりにいる人を見れば、あなたがどういう人かもわかります。

人が集まれば当然、そこは賑やかな場所となり商売は繁盛します。卦を見ると、「地」の上に、「沢」が乗っていることから、温泉や旅行に縁があるようです。

また、この卦が出たときには、受験や資格試験後には、嬉しい知らせが届くことでしょう。会社員なら昇格の機会もありそうです。

ここで大切なことは、友を選別してはいけません。相手に最善を尽くしてみてください。今後、付き合うかどうかは、その上で判断しても遅くはありません。良いときには寄ってきて、そうでないときには離れるというのは真の友達ではないからです。

★お相手は良縁です。デートは静かな場所より、コンサートやライブへ行ったり、水辺が最適です。

★神仏の祭祀《さいし》を行いましょう。

46

地《ち》風《ふう》升《しょう》

土の中に蒔いた種が芽を出しました。その小さな芽は天に向かって今まさに伸びようとしています。ここからさらに高く伸ばすためには、土の養分と水と空気の質を選ばなければなりません。つまり、良き相談者、良き友、良き相手に恵まれることが不可欠です。自分一人の力では成長できません。そのためには、ほんの少しの努力でも惜しまないこと。目に見える大きな成長は、今すぐに望んではいけないのです。

物が大きく育つには、天候はもちろん害虫からも身を守らなければなりません。今のあなたなら障害も上手く越えることができ、成功は手の届くところにありそうです。決して焦ることなく、確実に進めていきましょう。ここで大切なことは、目標を見失しなわないことです。人の意見に左右されると、折角出た芽も腐ってしまいます。それから、自分が前に出過ぎない謙虚さも必要です。

★つねに感謝の気持ちを忘れないでいることが、上昇への追い風になるでしょう。

★女性にはとても良い卦です。結婚では、玉の輿に乗る可能性があり、妊娠も望めそう

です。良い仕事も舞い込んで来るでしょう。
★胃腸などの消化器系の疾患に注意しましょう。

47 沢水困《たくすいこん》

三大難卦《さんだいなんけ》の一つです。「困《こん》」の文字通り、口の中には木があって、成長できずに苦しい**状態が続いています**。**非常に困難で困窮している状態のときです**。もしあなたが男性なら、仕事上では窮地《きゅうち》に立たされ、まったく身動きのできない状態です。人から騙されたり、資金繰りに四苦八苦したりなど、毎日身の縮む思いの連続に陥るでしょう。女性なら、仕事も恋も家庭もすべて上手くいかず、人生に絶望を感じることもありそうです。

　とは言うものの、困難に直面したら、勇気を持って立ち向かってください。今すぐには解決はできないかもしれませんが、この卦が持つ意味は、「**困難は幸せに向かう前兆。従い、つらい状況から間もなく解放されるでしょう。そして、乗り越えることで飛躍する**」という意味があるのです。不運を嘆いてばかりいるのではなく、自分の意識を変え、欠点を反省し、前に進みましょう。

★新しいことをスタートする時期ではありません。

★今が一番苦しいとき。間もなく解放されるので希望を持ちましょう。

★いいものとそうでないものを見極めるには、よく観察すること。

48

水風井《すいふうせい》

「井《せい》」は、井戸を表します。井戸の水を汲《く》んだあと、水はまたどんどん湧いてくるうえ、しかも溢れることはありません。もし、あなたが水を汲む術《すべ》がなかったり、その井戸を使わなければそれは何の役にも立ちません。つまり、生活する上で不可欠な物が目の前にあるにもかかわらず、気づかなかったり、使い方がわからないがために使用しなければ、それは思考が止《と》まっていることと同じだという卦です。

思考を止めてはいけません。この卦における井戸の水は枯渇《こかつ》することがないのです。考えたくないからと、そこで止めてしまうと明るい未来はないのです。井戸の水は喉を潤《うるお》し、人を潤し、地域・社会を潤します。その水を絶えず汲み上げる努力を怠ってはいけません。もしあなたが人の上に立って指導をしているなら、部下や弟子などの様子を気遣《づか》い、常に水を与えることが大切です。

★家庭内で問題が起きそうです。話し合っても平行線。今はじっと我慢のとき。

★『骨折り損のくたびれもうけ』になりそうです。

★お相手を探している人は、出会った人とは良縁ではありません。お付き合いもやめたほうが良さそうです。

49

沢火革《たくかかく》

革命の『革《かく》』です。会社勤めの人の場合は、人事異動があったり、長く勤めている人が辞めたりなど変革のときです。この卦が出たらまわりが変わるので、あなたには良い変化が訪れるでしょう。また、会社だけではなく、自分自身の行動や内面の改革をしてみましょう。今までのならわしや習慣、既成の事柄、踏襲《とうしゅう》していることなどは、今の時流に合わないのに日常化・形骸《けいがい》化していないかなど、見直したほうが良さそうです。

易経のこの卦の中の一文には「**君子《くんし》豹変《ひょうへん》す**」とあります。最近では、自分の都合で態度を一変させるような悪い意味に使われている言葉のようですが、本来は、「**君子が過ちを改めることは豹《ひょう》の模様のようにはっきりしている**」という意味です。君子が過ちを認め、改革し、民衆もそれに従うということです。つまり、大きな変化のときなのです。

何かを変えたいと計画してきた人は、今、実行するときです。

★男性は、異性関係に気をつけましょう。

★財運は不安定なときです。

★肺や心臓の病に注意しましょう。

50

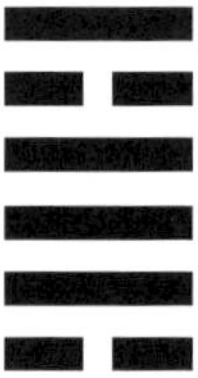

火風鼎《かふうてい》

「鼎《てい》」は、古代中国で使われていた金属製の煮炊用《にたきよう》の器のことを指します。三本の脚の上に鍋形の器を乗せた形をしていて、安定性があります。この卦は、とても調和がとれてい

て成功するという意味があります。

かつて君主は、この器を使い鳥獣を煮て、それを囲んで有能な家臣をもてなし、意見を出し合って今後の動向を探ったり政策を立てていたと言われています。食べながらの会議は本音が出やすく、一体感も生まれます。三人が向かい合ってする会議の鼎談《ていだん》という言葉にも鼎《てい》の文字が使われています。今のあなたはまわりの協力を得ながら行動・実行すれば勝利の女神が微笑んでくると言えるでしょう。結婚を考えている場合は良縁です。

しかし、器の三本脚になぞらえて三人の卦ですので、結婚後には、お相手の親も一緒に同居するという話が持ち上がるかもしれません。

★単独行動はしないこと。人と調和してこそ成功を掴むでしょう。
★目上の方からの引き立てがあるかもしれません。
★自分を出し過ぎると失敗することがあります。

51

䷲

震為雷《しんいらい》

卦を見ると、震《しん》が上下に並んでいます。世界を震撼《しんかん》させてしまうほどの大きな力が動くときです。そこに雷鳴が響きわたっています。あなたは震《ふる》えあがるほど驚いていますが、この卦が出たときは、あなたは雷鳴を轟《とど》かせるほど運が開けて来ます。幸運を手にするときが来ているのです。このチャンスを生かしてさらに発展させてください。

しかし、幸運が目の前にあるからといって、すべての人がいとも簡単に手にすることはできません。雷があちらこちらに落雷するように、無意味な場所に落としてはいけないのです。雷のエネルギー、つまり、あなたの行動と意志を意味のあるところに落してこそ成就するのです。

雷雲が通り過ぎてしまえば、あなたは平常心に戻るはずです。もし、驚くようなことが起きても、それほどあなたに被害は出ないようです。恐れることはありません。自分の思う方向に突き進むとよいでしょう。

★同じことが繰り返されることがあるかもしれません。

★再婚を考えている人には良縁です。
★膝・関節の痛みや足の怪我には気をつけましょう。

52 ䷳ 艮為山《ごんいさん》

今は目的があっても行動を起こさず、自分の内面を見つめ直すことが大事なときです。自分の事をさまざまな角度から見て、想像力を膨らませ、今後を考える時間にあててください。心を落ち着かせ、静かにしているのが得策です。誰かに相談しても先に進めないどころか、相談した相手から自分の意に反することを言われたりと、適任者ではなかったと思い知らされるでしょう。

この卦には二つの**艮**《ごん》＝**山**があります。「**動かざること山のごとし**」という言葉があるように、何事にも揺るぎない気持ちを持ち、動くべきときまでは決して軽々しく動いてはいけないという意味です。仕事では相手と意見が合わず、平行線をたどり、誰も味方になってくれない状況になりそうです。今は我慢のときです。言わぬが花。黙って思考を巡らせていれば、やがて好転するでしょう。
★静かに自分の身を守りましょう。
★交渉や契約はしないほうが良いときです。
★すでに結婚が決まっている場合は、進めた方が良いでしょう。
★口に関係すること……言葉を慎《つつし》みましょう。食事に気を遣いましょう。

53

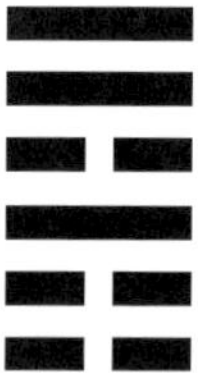

風山漸《ふうさんぜん》

結婚の卦で良縁です。お見合いでも恋愛でも、正しい順序で行うのが良いとされています。焦って一足飛びにことを運ぶのは良くありません。常識に沿《そ》って進めましょう。

易経の風山漸には、水鳥《みずどり》が飛び立つ様子が書かれています。小鳥が水際から、岩の上に飛び、さらに陸、その次は木にとまり、高い丘まで飛び、最後には空高く飛んで行きます。つまり、高く飛び立つには、基礎がしっかりできていないと足元が揺《ゆ》らいでしまいます。例えば家を建てるときと同じことです。基礎工事をおろそかにすれば家は傾《かたむ》いてしまいます。土台をしっかり築けば、その先には明るい未来が待っているのです。あなたの運は今、緩やかに上昇中です。たとえ今、どんなに不幸な状況・状態であっても、今後、幸せになることを具体的に思い描くことができれば、それは近い将来、現実のものとして手に入れることができるでしょう。

★旅行は吉。新しい発見があるはずです。
★あきらめないこと。秘密は漏らさないこと。
★自分にとってプラスになることを考え続けましょう。
★喧嘩しても仲直りできるでしょう。

54

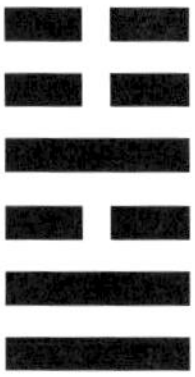

雷《らい》沢《たく》帰《き》妹《まい》

この卦が出たら、男性は女性問題に注意してください。相手が自分の好みで魅力的な女性だとしても、一時の感情に流されるとあとで後悔することになりそうです。女性があなたのところへ押しかけて興奮や怒りをむき出しにするかもしれません。足元をすくわれかねません。あなたが女性なら、同性同士……嫁姑問題が激化したり、ボタンの掛け違いで女性の上司や友人と仲違いしたりなど、いざこざが絶えないようです。

自分ではいつも通りの行動や言動をしているにもかかわらず、なぜか災難が降りかかってくる状況のようです。**自分の誠意が相手にまったく伝わらない卦なのです。**

しかし、苦しいからといって、嘘をつけば今よりもさらに悪化します。行動は常に慎重を期すこと。

★正社員ではなく、アルバイトにはよい卦です。
★儲け話には絶対にのらないこと。落とし穴があります。
★女性からの甘い誘惑には気をつけましょう。
★結婚は、やめたほうが賢明です。

55 ䷶ 雷《らい》火《か》豊《ほう》

豊潤・豊富・豊饒《ほうじょう》など、豊《ゆたか》なことを表す卦で、今はとても精神的にも物質的にも潤って

いる状況・状態にあります。しかし一番良い時、頂点にいることを長く維持するのは、よほどの才能と人脈、運を持ち合わせた人でない限り至難の業《わざ》です。あなたは今、とても良いときに恵まれています。すぐに計画を実行すれば成功すると言っていいでしょう。ここで、行動する勇気も自信もないと思った人は、今すぐにでも自信を持ってみてください。周囲からの協力が得られるはずです。

太陽が傾《かたむ》き夕日になる頃を想像してみてください。日差しが少しずつ弱まるように、今ある「**豊**」も目減りしていきます。それは油断したからではなく、自然の摂理《せつり》だからです。そのとき、流行した歌や物も時間とともに過去の物となります。故に、太陽がまだ高く上がっているうちに、やりたいことや、やるべきことはできるだけ早く実行してください。

★潤っている豊かな自分を頭の中で思い描くことも必要です。
★欲を出して、今よりもさらに上に行こうとするのは愚かなことです。
★人に騙されやすい状況なので細心の注意を。

56

火山旅《かざんりょ》

ここでの「旅」は、旅人を指します。上卦の「火」が燃え移るごとくあなたは転々と居場所を変えて行きます。現代の楽しい旅行とは違い、携帯電話やインターネットがない中での昔の旅は、苦労だけでなく、不安や寂しさが募ることは想像に難くありません。**この卦が出たときは、すべてにおいてあなたの柔軟な対応・態度が問われるときです。**

精神的に不安な状態がずっと続いていると、やりきれない気持ちになることでしょう。しかし、どんなに苦しくても辛くても、自分の揺るぎない信条を持ち合わせていれば、寂しさや悲しさを吹き飛ばす活力が湧いてくるはずです。

旅をすることによって、自分を見つめ直したり、新たな出会いや発見、経験もできます。この卦が出たら、新しい勉強に取り掛かったり、今よりさらに上を目指すための資格を取得したりなどをするととても良いときです。学問以外は運が下降しているので注意が必要です。

★思わぬ災難が降りかかるかもしれません。心の準備をしておきましょう。

★結婚は見送ったほうが良さそうです。
★些細《ささい》なことに気をとられると大切なものを失うかもしれません。

57 ䷸ 巽《そん》為《い》風《ふう》

☀☁

この卦は常に風に吹かれている状態を表しています。あちらへフワフワこちらへフワフワと、まるで根無し草のようです。つまり、自らが周囲を統率したり、巻き込むのではなく、誰かに従っていたほうが良かったりするのです。時間と場所、状況に合わせて行動をすれば、あなたは居心地の良い状態で自分の立場を守ることができそうです。しかしその一方で、優柔不断ということも否《いな》めません。自分の意見を主張せず、周囲の意見に従っていれば事なきを得られるというずる賢い人に見られることもあるでしょう。それでは信頼を得ることはできません。そして、迷いも生《しょう》じやすいときです。

また、風に乗って自由に動き回れることから、物質面では利益が上がるときです。商売をしている人に、この卦が出たときは吉です。

風に上手く乗れる融通《ゆうづう》性を持っていたいものです。
★どんなことでも丁寧に対処しましょう。
★方向が定まらず、不利になることがあります。
★柔軟性が必要なときです。臨機応変な対応を。

58

兌《だ》為《い》沢《たく》

この卦が出たら、営業職、販売職、ホテルスタッフ、アミューズメントパーク、放送関係や記者などの口を使う仕事が適職かもしれません。卦の「兌《だ》」は『悦《よろこ》び』で、人間で言えば『口』を表しています。人と会話しながら、相手に喜んでもらう職業に就くと良いでしょう。

楽しい語らいの一方で、一歩間違えれば「口は災いのもと」になります。ふとしたことで仲違いをすることがあるのです。もしあなたがリーダーの場合には、まわりの人達に楽しんでもらえるよう、サービス精神を大いに発揮し、不平不満が出ないような雰囲気づくりに徹しましょう。

束の間の快楽に溺《おぼ》れてはいけませんが、楽しいことがないと人生がつまらないものになってしまいます。あなたがいるところは、いつも笑い声の聞こえる場所でありたいものです。

★調子のいい人の口車に乗せられないように気をつけましょう。
★初婚は凶。再婚は吉。
★口の中や呼吸器などの疾患に注意しましょう。

59

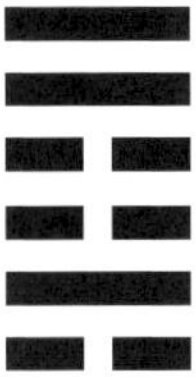

風水渙《ふうすいかん》

「渙《かん》」は、散らすという意味です。今までの艱難辛苦《かんなんしんく》を過ごした日々からようやく解放されるときが来ました。運気はこれから上昇していきます。しかし、ここで油断してはいけません。これから少しずつ良くなるという卦ですので、一足飛びの好結果は期待しないでください。急ぎ過ぎるとせっかく掴みかけた運が下降してしまいます。

仕事は全力投球で。この時期は、ほんの少しの油断が良くない方向へ進むことが多くなります。近くにいる仲間を大切にすれば、あなたの強力な後ろ盾《だて》になってくれるでしょう。今まで順風満帆な生活を送ってきた人は、職場が異動や転勤になったりする可能性があるでしょう。易経で、この卦は船に乗って水を渉《わた》る象《しょう》です。海は穏やかな凪《なぎ》の日ばかりとは限りません。成功を手にするために、焦らず一歩ずつ前へ進んでください。

★決して努力を怠ってはいけません。

★あなたの足を引っ張るような人とは、縁を切りましょう。

★目的を達成するために、ときにはまわり道をすることも必要です。

60

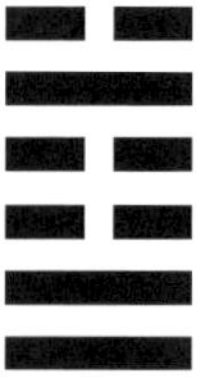

水沢節《すいたくせつ》

生きていく中で大切なのは「節《せつ》」。何事も節度を持って事にあたれば自然と上手くいくものです。しかし今のあなたはその限度を越えてしまったかもしれません。今すぐにでも出過ぎた部分を反省し、節制すれば良いのです。**この卦の「節《せつ》」には程良《ほどよ》いところに止ま**

るという意味もあります。

生活も普通にできて、恵まれている状況にもかかわらず、「今よりもっと贅沢《ぜいたく》な暮らしをしたい、よりお金を多く持っていたい」などと、不平不満を口にしたりするのは、もってのほか。また、この卦が出たときは、誘惑が多くなるため浪費したり、食事の誘いも増えるので、食べ過ぎ飲み過ぎには注意が必要です。さらに、色欲に溺れるなど、節度を失ってはいけません。

しかしこの卦には、良いこともあります。それは、今、お付き合いしている人との結婚です。お相手は素敵な人です。幸せになれるでしょう。

★交渉事は、まとまらないでしょう。

★節度と消極的は違います。消極的になる必要は、ありません。

★今持っている力を貯えておきましょう。

61 ䷼ 風《ふう》沢《たく》中《ちゅう》孚《ふ》

☀

上卦と下卦の形をみると口と口が向かい合っていて、心がつながっている状態を表わしています。男女ならお互いを慕《した》い合っていてとても相性が良く理想的なカップルと言えるでしょう。会社では社長と社員が同じ方向を見据えて仕事をしている状態なので、円滑な人間関係が構築され、業績も早晩上がっていくでしょう。ここで大切なのはお互いを思いやる真心。そして誠実な気持ちです。

もし、あなたが今、窮《きゅう》地《ち》に立たされていたとします。そんなとき突然、知り合いの人が困って相談しに来たらあなたはどうしますか？　ここで考えたいことは、自分がどんなに大変な状況下でも、ほかの人を少しでも助けてあげたいという気持ちがあれば、助けることができるはずです。ほんの少しの勇気を持てば良いのです。見て見ぬ振りをするのではなく、自分の持つ器の中で出来得る範囲内の力添えを施《ほどこ》してください。そうすれば、今まであなたが誰かにしてきた善行が、あなたに自然に戻ってくるでしょう。

★利益が出たら、分け合いましょう。

★物事を一人で進めるのではなく誰かに相談しましょう。
★失くした物がみつかるでしょう。

62

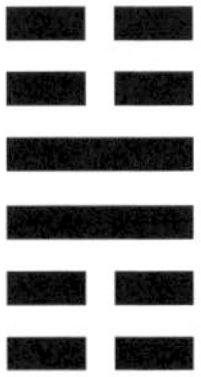

雷山小過《らいざんしょうか》

易経には「小過《しょうか》。亨《とおる》。貞《てい》に利《よ》ろし。小事《しょうじ》に可《か》なり。大事《だいじ》に可《か》ならず」とあります。「少し過ぎる。つまり、少しやり過ぎるくらいが良い。小さい事は良いが、大きい事は良くない」という意味です。この卦が出たとき、人と会うときはいつもより若干《じゃっかん》控え目に。勉強も少しばかりの積極さが功を奏すでしょう。今、前述したことは仏教で言う禅問答のようなものです。易の奥行の深さが出ています。つまり、度が過ぎる行動や言動は今は避けるべきなのです。

もしあなたが、いつもやる気と活力に満ち溢れている積極的な人なら、一歩下がって事にあたるのは難しいかもしれません。しかし今は、消極的に見える、見せるくらいで丁度良いのです。日頃から自信がなさそうに見える控え目な雰囲気を持つ人の場合には、普段

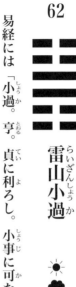

通りの行動が幸運を呼ぶでしょう。動と静を上手く使い分けてください。

★お互いが背を向けている状態の卦です。今後も仲良くなれる見込みはないでしょう。
夫婦なら倦怠《けんたい》期とも言えます。

★災難が襲いかかってきそうです。出過ぎた行動は控え、何事も慎重に。

★高望みをするのは止めましょう。

63

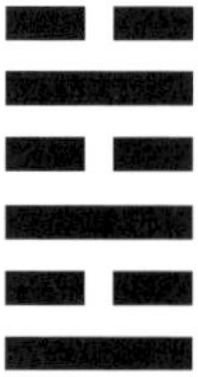

水《すい》火《か》既済《きせい》

「既成《きせい》」は、「すでに整《ととの》っている」という卦です。努力を積み上げ成功し、世間的に名声を得ている状態です。すでに功をなしているなかで、さらに高みを望むこともあるのでしょうが、今は頂上に立っているので上を目指せません。頂点を維持することができるのか、下《くだ》り坂になるか、どちらかでしかないからです。

卦を見ると、陰と陽が交互にきれいに並んでいます。恋人同士の場合には、結婚は目前です。夫婦の場合は、一見、仲睦まじくいるようですが、実際にはお互いに不満が募っていることがあるかもしれません。過去をあれこれ言わず、穏やかな日々を心掛けることが大切です。

次の目標が出てきたら、綿密な計画を立てることが大事です。まだ次の登山に挑《いど》んだりする時期ではありません。時期が来れば新たな山に向けて出発できるでしょう。

★あなたが会社員で独立を考えている場合、実行に移すのは時期尚早《しょうそう》。

★運気はゆるやかに下降しています。目立つ行動は控えましょう。

★虚栄心は捨て、謙虚な気持ちで過ごしましょう。

★眼や神経の病気に注意しましょう。

64

火水未済《かすいびせい》

あなたが人生の目標を達成するためには、周囲の人からの意見に耳を傾け、きちんと準備をしなければなりません。成就《じょうじゅ》に向けて気持ちを強く持ち、寄り道をせず、困難があっても辛抱強く前に進めば、思い描いていた理想の目的に辿《たど》り着けるはずです。「**未済《びせい》**」**は、**

「未《いま》だ整わず」という意味です。完成していないということは、無限の可能性を秘めているとも言えます。良き師、良き友に出会えば、良い助言が得られるはずです。焦らず、弛《たゆ》まず、日々努力を怠ってはいけません。

この卦は、これから先の成長を意味します。植物で言えば、まだ若い芽です。太陽の光を浴び、土からの栄養と水をたっぷり摂らないと大きくなりません。気をつけるべきは、才能があるにもかかわらず、ほんの少しの気の緩みから、上手くいく可能性を絶ってしまうことです。調子に乗りすぎると不意打ちを食らいます。

易経には「**未済《びせい》。亨《とおる》**」と書かれています。明るい未来に向けて一歩ずつ前進しましょう。

★他人を頼り過ぎるのはやめましょう。

★強い意志を持って困難に立ち向かえば、やがて霧は晴れるでしょう。

福田 直代（ふくだ・なおよ）

16歳より芸能活動に入り、モデル・CM・テレビ番組のキャスターなどを歴任。高校卒業時に風水に興味を持ち、ありとあらゆる書物を読破。海外での風水修行も経験し、独自の鑑定方法を確立。丁寧できめ細かい鑑定が評判を呼び、個人はもとより会社の経営者まで、老若男女問わず幅広い層から支持されている。「ココナラ」風水、「LINE占い」鑑定士としても活動中。
アイコンティネンス所属
http://icontinence.co.jp

夢《ゆめ》かなう風水《ふうすい》

2018年4月5日　初版第1刷発行

著　者　福田直代《ふくだなおよ》

発行者　塚原浩和

発行所　KKベストセラーズ

〒170-8457 東京都豊島区南大塚2-29-7

TEL　03-5976-9121（代表）

http://www.kk-bestsellers.com/

カバー・本文デザイン / 川井良人デザイン事務所
イラスト / nyan design
印刷所　錦明印刷株式会社
製本所　株式会社積信堂
DTP　株式会社三協美術

ISBN 978-4-584-13858-8　C0011